MILLION DOLLAR MINDSET PRESENTE

COMMENT ÉCRIRE 2 LIVRES EN 10 JOURS

Par LINKEDIN AND TOWN HALL ACHIEVER OF THE YEAR
EY NOMINEE ENTREPRENEUR OF THE YEAR
GRAND HOMAGE LYS DIVERSITY
WORLD TOP100 DOCTOR

Dr. BAK NGUYEN, DMD

&

PRODIGUE (12 ANS)

WILLIAM BAK

POUR TOUS LES ASPIRANT(E)S AUTEUR(E)S
QUI RÊVENT D'ÉCRIRE LEUR PREMIER ROMAN
Par WILLIAM BAK & Dr. BAK NGUYEN

Droits d'auteur, copyright © 2022 Dr. BAK NGUYEN

Tous droits réservés.

ISBN:978-1-998750-00-9

Publié par: Dr. BAK PUBLISHING COMPANY
Dr.BAK 0115

MILLION DOLLAR MINDSET PRESENTE

COMMENT ÉCRIRE 2 LIVRES EN 10 JOURS

Par WILLIAM BAK & Dr. BAK NGUYEN

INTRODUCTION
Par WILLIAM BAK

LE TRAVAIL PRÉPARATOIRE
CHAPITRE 1- Dr. BAK NGUYEN
UN ESPACE SÉCURISE POUR CRÉER, JOUER ET ÉCHOUER

CRÉER DES MONDES ET DES PERSONNAGES
CHAPITRE 2 - WILLIAM BAK
VOS POURQUOI ET LEURS INTRODUCTIONS

LES DIALOGUES
CHAPITRE 3 - Dr. BAK NGUYEN
RÉAGIR POUR RENDRE ORGANIQUE

CHAPITRE UN
CHAPITRE 4 - WILLIAM BAK
TOUT EST DANS LE RYTHME

L'ANATOMIE D'UN CHAPITRE
CHAPITRE 5 - Dr. BAK NGUYEN
LES STRUCTURES NARRATIVES CLASSIQUES ET CONTEMPORAINES

LA MONTÉE
CHAPITRE 6 - WILLIAM BAK
L'ÉVOLUTION DE VOTRE HÉROS

LES PERSONNAGES
CHAPITRE 7 - Dr. BAK NGUYEN
LES INGRÉDIENTS PREMIERS DE VOTRE HISTOIRE

LA MORT
CHAPITRE 8 - WILLIAM BAK
UNE FIN GRANDIOSE

CONCLUSION
Par Dr. BAK NGUYEN

AVIS DE NON RESPONSABILITÉ

« L'information générale, les opinions et les conseils contenus dans le présent support et/ou les livres, livres audio, podcast et les publications présentes sur le site web ou les médias sociaux de du Dr. Bak Nguyen (de son vrai nom Ba Khoa Nguyen) (ci-après les « AVIS DE NON RESPONSABILITÉ

« L'information générale, les opinions et les conseils contenus dans le présent support et/ou les livres, livres audio, podcast et les publications présentes sur le site web ou les médias sociaux de du Dr. Bak Nguyen (de son vrai nom Ba Khoa Nguyen) et de ces collaborateurs (William Bak, William Bak Nguyen de son vrai nom) (ci-après les « Opinions ») présentent des informations générales sur différents sujets. Les Opinions sont uniquement destinées à des fins d'information.

Aucune information contenue dans les Opinions ne saurait remplacer l'avis d'un expert, une consultation, un conseil, un diagnostic ou un traitement professionnel. Aucune information contenue dans les Opinions ne saurait remplacer l'avis d'un professionnel et ne saurait être interprétée comme une consultation ou un conseil.

Rien dans les Opinions ne doit être interprété comme un conseil professionnel relié à l'exercice de la médecine dentaire, un avis médical ou toute autre forme de conseil, y compris un avis juridique, comptable ou financier, un avis professionnel, un soin ou un diagnostic, mais strictement comme de l'information générale. Toutes les informations contenues dans les avis sont fournies à titre informatif uniquement.

L'utilisateur en désaccord avec les termes du présent Avis doit cesser immédiatement d'utiliser les Opinions ou de s'y référer. Toute action de l'utilisateur en lien avec l'information contenue dans les Opinions n'engage que lui et est à son entière discrétion.

L'information générale contenue dans les Opinions est fournie « telle quelle » et n'est assortie d'aucune garantie, expresse ou implicite. le Dr. Bak Nguyen (de son vrai nom Ba Khoa Nguyen) et de ces collaborateurs (William Bak, William Bak Nguyen de son vrai nom) mettent tout en œuvre afin que l'information soit complète et authentique. Cependant, rien ne garantit que l'information générale contenue dans les Opinions soit toujours disponible, véridique, complète, à jour ou pertinente.

Les Opinions exprimées par le Dr. Bak Nguyen (de son vrai nom Ba Khoa Nguyen) et de ces collaborateurs (William Bak, William Bak Nguyen de son vrai nom) sont personnelles et exprimées en leur propre nom et ne reflètent pas les opinions de ses sociétés, partenaires et autres affiliés.

Dr. Bak Nguyen (de son vrai nom Ba Khoa Nguyen) et de ces collaborateurs (William Bak Nguyen de son vrai nom) excluent également toute forme de responsabilité pour le contenu auquel renvoient les éventuels hyperliens inclus dans les Opinions.

Opinions ») présentent des informations générales sur différents sujets. Les Opinions sont uniquement destinées à des fins d'information.

Aucune information contenue dans les Opinions ne saurait remplacer l'avis d'un expert, une consultation, un conseil, un diagnostic ou un traitement professionnel. Aucune information contenue dans les Opinions ne saurait remplacer l'avis d'un professionnel et ne saurait être interprétée comme une consultation ou un conseil.

Rien dans les Opinions ne doit être interprété comme un conseil professionnel relié à l'exercice de la médecine dentaire, un avis médical ou toute autre forme de conseil, y compris un avis juridique, comptable ou financier, un avis professionnel, un soin ou un diagnostic, mais strictement comme de l'information générale. Toutes les informations contenues dans les avis sont fournies à titre informatif uniquement.

L'utilisateur en désaccord avec les termes du présent Avis doit cesser immédiatement d'utiliser les Opinions ou de s'y référer. Toute action de l'utilisateur en lien avec l'information contenue dans les Opinions n'engage que lui et est à son entière discrétion.

L'information générale contenue dans les Opinions est fournie « telle quelle » et n'est assortie d'aucune garantie, expresse ou implicite. le Dr. Bak Nguyen (de son vrai nom Ba Khoa Nguyen) met tout en œuvre afin que l'information soit complète et authentique. Cependant, rien ne garantit que l'information générale contenue dans les Opinions soit toujours disponible, véridique, complète, à jour ou pertinente.

Les Opinions exprimées par le Dr. Bak Nguyen (de son vrai nom Ba Khoa Nguyen) sont personnelles et exprimées en son propre nom et ne reflètent pas les opinions de ses sociétés, partenaires et autres affiliés.

Dr. Bak Nguyen (de son vrai nom Ba Khoa Nguyen) exclut également toute forme de responsabilité pour le contenu auquel renvoient les éventuels hyperliens inclus dans les Opinions.

Demandez toujours l'avis d'un expert, d'un médecin ou d'un autre professionnel qualifié pour toute question relative à votre situation ou condition médicale. Ne négligez jamais l'avis d'un professionnel et ne tardez pas à le demander en raison de ce que vous avez lu, vu ou entendu dans les Opinions. »

À PROPOS DES AUTEURS

Du Canada, **William Bak**, est un jeune prodige de 12 ans. À l'âge de 8 ans, il a co-écrit une série de livres pour enfants avec son père, le Dr Bak. Père et fils, ensemble, ils changent le monde, un esprit à la fois, en écrivant des livres pour enfants. William a, jusqu'à présent, co-écrit 35 livres. Il a co-écrit les 11 livres de poulet en ANGLAIS, puis il a dû les traduire lui-même en FRANÇAIS. C'est ainsi qu'il a 22 livres de poulet. William a également co-écrit 4 livres sur l'éducation des enfants avec son père, **THE BOOK OF LEGENDS** volume 1, 2 et 3. Et le premier volume de la nouvelle trilogie THE RISE OF LEGENDS. En pleine crise sanitaire mondiale, William a de nouveau joint forces avec son père pour écrit un livre sur la vaccination, cette fois-ci encore, dans les 2 langues, Anglais et Français. Ce livre a aussi été traduit en Espagnol.

En 2022, William a co-écrit avec son père les 2 premiers livres de la nouvelle franchise de 9 livres : LEGENDS OF DESTINY. Il a aussi co-écrit la franchise des contes de Noël, AU PAYS DES PAPAS qui comprend 2 livres. Entre temps, William a aussi écrit son premier livre solo, PAPA J'SUIS PAS CON. Pour promouvoir ses livres, William a embrassé la scène pour la première fois en 2019 pour parler à une foule de plus de 300 personnes. Depuis, il est apparu dans de nombreuses entrevues pour parler de ses livres et projets à venir. Au milieu du COVID, il s'est ennuyé et a commencé son YOUTUBE CHANNEL: **GAMEBAK**, passant en revue les jeux vidéo. Fin 2020, il a rejoint les ALPHAS en tant que plus jeune animateur du prochain mouvement mondial, **COVIDCONOMICS**, dans lequel il donne son point de vue et accueillera les opinions de sa génération.

>"Je vais vous montrer. Je ne vais pas vous forcer.
>Mais je ne vous attendrai pas."
>- William Bak et Dr. Bak

En Écrivant avec son père, William détient des records mondiaux à officialiser:

- Le plus jeune auteur qui a écrit dans 2 langues
- Co-auteur de 8 livres en un mois
- Le premier enfant à avoir écrit 24 livres pour enfants
- Le premier enfant a avoir co-signé et signé 36 livres en 45 mois

Du Canada, le **Dr Bak NGUYEN**, nominé Entrepreneur de l'année Ernst & Young, Grand Hommage Lys DIVERSITÉ, LinkedIn et TownHall, Achiever of the year et TOP100 docteurs du monde. Le Dr Bak est un dentiste cosmétique, PDG et fondateur de Mdex & Co. Son entreprise révolutionne le domaine dentaire. Conférencier et motivateur, il détient le record du monde d'écriture de 100 livres en 4 ans, accumulant de nombreux records mondiaux (à être officialisés). Ses livres couvrent les sujets: ENTREPRENEURSHIP, LEADERSHIP, QUÊTE D'IDENTITÉ, DENTISTERIE ET MÉDECINE, ÉDUCATION DES ENFANTS, LIVRES POUR ENFANTS, PHILOSOPHIE

En 2003, il a fondé Mdex, une entreprise dentaire sur laquelle, en 2018, il a lancé l'initiative privée la plus ambitieuse afin de réformer l'industrie dentaire à l'échelle du Canada. Philosophe, il a à cœur la quête du bonheur des personnes qui l'entourent, patients et collègues. En 2020, il a lancé une initiative de collaboration internationale nommée les **ALPHAS** pour partager ses connaissances et pour que les entrepreneurs et les professionnels dentaires puissent se relever de la plus grande pandémie et dépression économique des temps modernes.

Ces projets ont permis au Dr Bak d'attirer les intérêts de la communauté internationale et diplomatique. Il est maintenant au centre d'une discussion mondiale sur le bien-être et l'avenir de la profession de la santé. C'est à ce propos qu'il partage ses réflexions et encourage la communauté des professionnels de la santé à partager leurs histoires. Pour soutenir la créativité et le partage de la sagesse et la croissance personnelle, le Dr Bak dirige également l'avancement de l'Intelligence artificielle chez Emotive Monde Incorporé. En intégrant l'intelligence artificielle, le design et l'édition à son flux de production, Emotive Monde est un leader mondial dans les univers de publication et de production d'histoires et de livres.

Les livres édités sont distribués par Amazon, Barnes & Noble, Apple Livres et Kindle. La société produit aussi des livres audio, nouvellement intégré en format combo pour les achats de copie papiers distribuées par Amazon et Barnes & Noble. Sous la direction du Dr Bak, Emotive Monde a lancé le protocole Apollo, permettant aux auteurs d'écrire des livres en 24 heures de temps de travail, le protocole Echo, pour produire des livres audio comme celui-ci, et également de créer et de produire des blockbusters de livres audio, **U.A.X.** (Ultimate Audio Experience) en streaming sur Apple Music, Spotify et tous les principaux distributeurs musicaux.

Le Dr Bak, avec son implication dans Emotive Monde, encourage la voix individuelle des auteurs du monde et les aide à atteindre leurs marchés et leur public. Oui, le Dr Bak est un auteur, mais à travers Emotive Monde, il est également une maison d'édition et un studio de production. Conférencier motivateur et entrepreneur en série, philosophe et auteur, de ses propres mots, le Dr Bak se décrit comme un dentiste par circonstances, un entrepreneur par nature et un communicateur par passion. Il détient également des distinctions du Parlement canadien et du Sénat canadien.

INTRODUCTION
"AIDER ET BATTRE"
Par WILLIAM BAK

Comme annoncé dans le titre, ceci sera un défi et un exploit quand on aura fini. Je sais ce que vous pensez: écrire 2 livres en 10 jours, c'est tout simplement impossible! Merci d'être resté(e) poli(e). Au fond de vous, vous vous dites que ce ne sont tout simplement que des conneries! Eh bien, je vous remercie de me donner une chance de vous prouver mon point.

Croyez-le ou non, le livre que vous tenez entre vos mains en ce moment a été écrit sur cette prémisse, écrire 2 livres en 10 jours! En fait, la version originale anglaise a été écrite en 4-5 jours et sa traduction a occupé les autres jours. Seule la correction et la publication ont pris plus de temps.

J'ai embrassé ce défi, d'abord, pour aider mon père puis, pour le battre à son propre jeu. Au passage, je vais vous montrer comment on écrit des livres et des romans. Mon père est un auteur détenteur de plusieurs records du monde. L'année dernière, il a établi le record historique d'écrire 100 livres en 4 ans.

Pour célébrer son exploit, j'ai écrit mon premier livre solo en 9 jours, le battant alors qu'il avait pris 14 jours pour écrire son premier livre. C'était amusant et tellement satisfaisant! J'aime mon père, mais avoir la chance de le battre sur son propre terrain est une chose à laquelle je ne peux pas résister!

J'aime mon père, ça vous le savez. Dans son ascension, il m'a permis de monter avec lui, en volant à ses côtés, pas assis sur ces genoux ou accroché sur son dos, mais en tant que partenaire. Ok, il m'aide beaucoup, mais il respecte mes idées et me laisse ma place.

C'est ainsi que je suis devenu son co-auteur favori dès l'âge de 8 ans. Oui, je suis, moi aussi, un auteur avec des records mondiaux! Aujourd'hui, j'ai 12 ans et j'écris des livres depuis les derniers 3 ans et demi. Ce livre est mon 35e. Alors oui, je suppose que mon père m'a influencé!

Cette année, mon père fait face à un mur. Il a écrit sans relâche depuis 5 ans. Même si ses livres sont de plus en plus complexes et volumineux, il refuse de quitter le rythme des records mondiaux d'écriture de 2 livres par mois en moyenne. Ça, c'est mon père, il est très déterminé, pour ne pas dire têtu! Il lui manque 6 livres et la date limite arrive dans 16 jours. C'est fou, je le sais, même pour lui.

Je le vois stressé, mais il continue à pousser, jour après jour. Je veux l'aider. Il a réécrit la version française de son grand succès, **COMMENT ÉCRIRE UN LIVRE EN 30 JOURS**, écrit il y a 3 ans. Nous avons plaisanté sur le titre et l'idée de le ridiculiser est venue. En plaisantant, j'ai dit pourquoi ne pas écrire 2 livres en 10 jours, en empruntant l'attitude de mon humoriste favori, Russell Peter.

C'était tellement drôle que nous avons ri pendant un très long moment. Ce fut l'un des rares moments que j'ai vu mon père rire depuis le début de l'été. Et puis, j'ai fait mes maths: écrire un chapitre par jour, c'est du connu; ajouter une introduction, c'est un autre jour, et la conclusion, c'est juste un autre chapitre, donc 10 jours au total.

Génial, écrire un livre en 10 jours est tout à fait possible! Mais attendez, je l'ai déjà fait l'année dernière, en 9 jours! Cette année, j'ai découvert GOOGLE TRADUCTION en écrivant mes livres. Si j'utilise GOOGLE TRADUCTION pour écrire la version française dès que j'ai terminé mes chapitres en anglais, j'aurais écrit 2 livres en 10 jours?!

Je sais ce que vous pensez... c'est de la triche! Pas du tout! Avez-vous la moindre idée du travail qu'il faut pour réécrire et corriger après GOOGLE TRADUCTION? Alors pourquoi même utiliser GOOGLE TRADUCTION? Eh bien, parce que cela garde ma motivation! On a l'impression d'aller plus vite, même si c'est faux! Quand les mots arrivent dans les chapitres, c'est plus facile et ce n'est plus que de la correction... et souvent de la réécriture, mais ça, on essaie de ne pas le dire en partant.

"La motivation est l'ingrédient le plus important!"
William Bak

J'ai appris ça avec l'écriture de **AU PAYS DES PAPAS** 1, puis 2. Sans motivation, les choses deviennent lourdes jusqu'au point de perdre notre intérêt et cela devient alors un fardeau plus qu'un beau projet. À ce point, il est très difficile de remonter la pente et retrouver intérêt et inspiration. Je dirais que la motivation est encore plus grande que l'inspiration quand il s'agit d'écrire des livres.

Voyez-vous, écrire un livre n'est pas qu'une question de quelques heures, du moins pas encore. Après avoir eu l'idée, vous devez encore écrire le premier chapitre, puis le 2e et ainsi de suite jusqu'à la conclusion. Si vous êtes motivé(e), vous sautez d'un chapitre à l'autre sans même vous en apercevoir.

Un bon truc pour éviter le manque d'inspiration: allez vite! C'est beaucoup plus facile avec de la vitesse. Les trous et les manques d'inspiration sont toujours là, mais ils prennent moins d'importance. Ensuite, comme dans un examen, on revient sur les questions qu'on n'a pas répondues. Dans un livre, ça veut aussi dire de modifier l'histoire, mais c'est beaucoup plus facile de faire ça que d'arrêter et perdre notre motivation. L'inspiration revient plus facilement quand on est motivé(e). Démotivé(e) et sans inspiration, bonne chance!

Si vous manquez de motivation, dès que vous manquez d'inspiration, vous tombez droit dans le **TROU DU JE NE SAIS PAS**! Eh bien, mon père dit parfois que je suis un âne quand je suis paresseux et que j'essaie d'ignorer ce que j'ai à faire. Les tâches s'accumulent et c'est beaucoup plus long et difficile par la suite. Devinez quoi? Je suis celui qui devra faire le travail en double et en triple après!

> "La motivation est plus importante que l'inspiration quand il s'agit d'écrire des livres!"
> William Bak

Maintenant, je comprends mieux mon père quand il dit qu'il est paresseux. Il ne s'agit pas de ne pas faire quelque chose, mais plutôt de ne pas en faire un fardeau et un gâchis encore plus grand! Quel génie!

Pour revenir à ce livre, si j'écris un chapitre par jour, j'aurai fini un livre en 10 jours. Oui, moi aussi, je suis un génie! Mais cela n'aidera pas mon père avec ses chiffres. Ceci n'est pas un livre solo, nous allons l'écrire à 2. Bien sûr, mon père devra corriger et réécrire mes chapitres comme il le fait toujours, mais il devra aussi écrire les siens!

Puisque nous respectons le nombre du dragon, nous aurons 8 chapitres au total. Si mon père écrit sa moitié, cela m'amène à 4 chapitres, plus, soit une introduction, soit une conclusion. Avec un jour par chapitre, puis un autre pour les traduire en français, j'aurais écrit 2 livres en 10 jours! Les maths collent!

C'est l'été 2022. Je suis en vacances avant de commencer le secondaire. Nous avons pris une pause d'une semaine d'écriture. Maintenant, je suis frais et prêt à relever un nouveau défi, un qui aidera mon père en le battant à son propre jeu, une fois de plus!

Vous lisez William Bak, en bon fils voulant aider son père et le battre à son propre jeu, sur son propre terrain! Ceci est **COMMENT ÉCRIRE 2 LIVRES EN 10 JOURS** présenté par **MILLION DOLLAR MINDSET**.

Bienvenu(e)s aux ALPHAS.

La motivation est plus importante que l'inspiration quand il s'agit d'écrire des livres!
WILLIAM BAK

CHAPITRE 1
"LE TRAVAIL PRÉPARATOIRE"
Par Dr. BAK NGUYEN

Je dois commencer par vous dire à quel point je suis ému d'écrire ce livre avec mon fils, William. Cette fois, c'est lui qui me porte sur ses épaules. Tout comme les 4 années précédentes, les mois de juillet et août sont lourds de conséquences pour moi alors que j'approche de l'anniversaire de mon départ en tant qu'écrivain.

À la fin du mois d'août de chaque année, je suis confronté mon bilan et mes chiffres: combien de livres ai-je écrit cette année? Ai-je gardé mon rythme de record mondial?

À chaque année, j'évolue ma science et mon art. À chaque année, il y a du nouveau qui s'ajoute (comme l'édition, la publication, la création de livres audio, d'albums UAX, et cette année, de l'écriture de livres de fiction). Malgré la complexification et la multiplication de mes projets, j'essaie de garder le rythme que j'ai découvert, il y a maintenant près de 5 ans. C'est de la folie!

Il y a près de 5 ans, personne n'accordait d'importance à mes période d'écriture ni à l'apparition de mes livres. Cela ne m'a pas empêché de produire. Aujourd'hui, de plus en plus de gens suivent mes pas au quotidien.

Si les années passées, il y avait encore beaucoup de négativité et de jalousie, aujourd'hui les gens suivent en silence. Ils n'ont même plus d'attente, craignant que je leur donne toujours tort. Si je suis devenu un personnage public, c'est toujours moi face à moi-même lorsqu'il est temps de confronter mon bilan.

Alors pourquoi garder cette folie croissante? J'aime beaucoup la comparaison avec Michael Phelps pour répondre à cette question et pour garder mon équilibre mental. Est-ce que Michael Phelps arrêterait sa séquence de victoires olympiques parce que personne ne regarde?

En fait, Michael Phelps n'a décidé de prendre sa retraite que le jour où il s'est fait battre et qu'il a concédé le podium d'or à un de ses jeunes protégés.

Rassurez-vous, on n'en est pas encore là. William a prouvé sa valeur et s'améliore à grands pas pour les lignes majeures, mais ce n'est pas encore demain que je serai laissé derrière à contempler un ou une autre me battre sur mon propre terrain.

Au cours des 4 dernières années, William est devenu mon principal collaborateur. Ensemble, nous avons établi plus et plus encore de nouveaux records mondiaux. L'année dernière, il m'a battu à mon propre jeu, avec son premier livre solo écrit en 9 jours alors qu'il m'en avait fallu 14 pour compléter mon premier. Je ne pouvais être plus fier en tant que père, mentor et partenaire, même si j'avais été battu.

Après 100 livres écrits en 4 ans, je me gratte souvent la tête pour trouver qu'est-ce qui va suivre. William! En écrivant ces lignes, je viens de réaliser que j'ai passé la majeure partie de ma 5e année en tant qu'écrivain à écrire avec William.

Nous avons basculé dans un nouveau genre, la fiction. Nous avons eu des hauts et des bas et 11 mois plus tard, nous avons 5 combos livre/livre audio, 1 album UAX et 3 livres audio simples sur AUDIBLE, le plus grand distributeur de livres audio. C'est impressionnant, voire intimidant, même pour nous !

Écrire avec William est un charme et une partie de plaisir entre père et fils, entre amis. Oui, c'est ce que nous sommes devenus l'un pour l'autre, des amis. Nous nous sommes tellement amusés à créer des mondes, des personnages et d'écrire de la fiction.

L'expérience m'a appris à prendre mon temps pour établir les paramètres, les personnages et les univers afin de connecter et de parler à l'imagination de William. Après tout, nous avons été bloqués pendant plus d'un an alors que l'inspiration des livres de poulet s'estompait.

Donc, si j'ai appris quelque chose d'important en écrivant de la fiction, je dirais que le **TRAVAIL PRÉPARATOIRE** est d'une importance capitale. Et qu'est-ce que le **TRAVAIL PRÉPARATOIRE**? Eh bien, pour reprendre ce que j'ai appris sur la cuisine avec le chef Gordon Ramsay: avant de pouvoir cuisiner, il faut rassembler et apprêter les aliments et les ingrédients.

C'est généralement plus long et plus ardu de préparer les aliments que de concocter les chef-d'œuvre eux-mêmes.

J'ai passé le COVID et le confinement à apprendre à cuisiner.

J'ai appliqué les mêmes principes à l'écriture de fiction avec William. J'ai passé des mois à rechercher et à créer des personnages pour en faire des cartes à collectionner (en format numérique), à créer des bandes-annonces de films et à mettre en place des univers vastes et riches. J'ai tout créé et poussé au-delà des limites, mais j'ai aussi gardé de nombreux vides à combler afin que William puisse s'impliquer et créer lui-aussi.

J'ai créé tellement et abondamment qu'on n'avait qu'à fermer les yeux pour sentir et toucher nos personnages. Bon ou vilain, ce n'était pas important, ils seront ce que l'histoire fera d'eux. Notre travail était de les rendre tous, plus intéressants les uns des autres.

J'aurais pu créer une centaine de personnages et cela aurait été largement suffisant. Je me suis tellement immergé avec passion que je me suis amusé, avec William à créer plus de 500 personnages. Je suis sûr que certains d'entre eux ne feront jamais partie des 9 livres de nos 3 trilogies! Ce n'est pas important. L'important, c'est que William et moi sommes maintenant immergés dans ce monde fantastique qu'est **LEGENDS OF DESTINY**.

Je n'ai pas seulement nommé les héros et énuméré les lieux et les évènements. J'en ai fait des cartes à collectionner. William et moi nous nous sommes donnés à coeur joie de jouer avec nos nouveaux jouets, nos personnages. Nous avons séparé nos héro(e)s en 2 équipes, de la même façon qu'on choisit nos coéquipiers au primaire, en les choisissant un par un. Ensuite, on les a mis au test.

Un des tests est de les inclure dans une bandes-annonce, standard Hollywood, pour imaginer leur quête, leurs difficultés et leur pouvoir. C'était tellement amusant que j'ai passé les 3 mois suivants à perfectionner mes techniques audio-visuelles. Dans l'industrie du cinéma, une bande-annonce est le dernier produit de la chaîne de production. Nous, c'est notre test avant même le premier mots écrit du livre.

Arrêtons-nous une minute. Vous rendez-vous compte de ce que je viens de dire? Les bandes-annonces proviennent de l'industrie cinématographique et elles arrivent après le tournage et le montage de la plupart des scènes du film. Certes, les livres, les scripts et le casting sont tous terminés et bien polis à ce moment-là. Eh bien, dans notre cas, j'ai inversé le concept et trouvé des moyens de commencer avec une bande-annonce pour tester notre idée avant d'écrire le livre. J'ai la chance qu'internet offre énormément de possibilités avec les ressources digitales libres de droits. C'est littéralement de faire les choses à l'envers!

C'est jusqu'où j'ai poussé le concept de **TRAVAIL PRÉPARATOIRE**. Entre la première fois où l'idée de **LEGENDS OF DESTINY** nous est apparue et le premier livre, plus de 6 mois ont été consacrés à la recherche et à la préparation.

Est-ce de la motivation ou de l'inspiration? Eh bien, je dirai que c'est du dévouement! En début de projet, nous sommes tous très inspiré(e)s, mais nous savons tous que tôt ou tard, l'inspiration du début va manquer de souffle. C'est là que les choses se compliquent. Certains projets ne survivront pas cette attaque et s'éteindront pour toujours. Parce que nous étions inspirés, nous avons créé les structures pour nous motivé(e)s et rester motivé(e)s. Même si cette motivation ne suffira à nous mener jusqu'à la ligne d'arrivée, elle nous gardera en scelle passé le 2/3 du livre, juste assez pour qu'Inspiration reprenne.

"Touchez votre prochaine victoire dès que possible, aussi petite qu'elle soit."
Dr. Bak Nguyen

C'est mon mantra habituel et cela a fonctionné comme un charme jusqu'à présent. Mais pas en fiction et pas quand j'avais besoin de garder William intéressé. Le premier livre que nous avons écrit, **LA LÉGENDE DU CŒUR DE POULET**, c'était après une année entière où il m'attendait, et où j'avais essayé et échoué à maintes reprises de trouver la bonne recette pour raconter notre histoire. Ce que j'appelais un échec était en fait le **TRAVAIL PRÉPARATOIRE**.

Par la suite, nous avons eu de la chance avec l'écriture du livre **LE VACCIN**, car l'inspiration nous a porté tout le long du projet. Cette inspiration a été suffisante pour faire un livre avec tous ses dérivés (livres audio et albums UAX en 3 langues).

À notre 3e année d'écriture ensemble, William et moi, nous étions coincés dans une zone morte en termes d'inspiration et de production. Nous n'avions aucune inspiration et la motivation s'est évaporée alors que l'on pataugeait dans le vide.

"Le TRAVAIL PRÉPARATOIRE m'a permis d'avoir un espace sûr pour créer, essayer et échouer."
Dr. Bak Nguyen

Ce fut l'ingrédient principal du succès du lancement de nos franchises depuis le premier livre solo de William, **PAPA, J'SUIS PAS CON**, qui est l'un de nos best-sellers : le TRAVAIL PRÉPARATOIRE.

Le TRAVAIL PRÉPARATOIRE a fait pus que de nous garder motivés avec des produits finis entre nos mains (cartes à collectionner et bandes-annonces) mais il a aussi permis la matérialisation d'une première étape, une avec laquelle nous avons pu réagir. Si le TRAVAIL PRÉPARATOIRE est l'ÉTAPE 1, eh bien, l'essai était l'ÉTAPE 2; nous avons joué nos les cartes et avec les personnages.

L'ÉTAPE 3 est le test par la bande-annonce ou lorsque nous jouons aux jeux vidéo en incarnant nos héros nouvellement créés. Cela a donné corps et vie à nos personnages. On a poussé ce concept jusqu'à ses limites, laissant parfois le destin de nos héros à la merci du jeu vidéo. C'est ainsi que certains de nos meilleurs héros ont perdu la vie dans notre histoire. C'était bien à contre-coeur, certains avaient tant de potentiel…

Sur ce, nous ne sommes pas MARVEL, nous n'avons pas les moyens de faire revenir à la vie nos personnages une fois qu'ils sont morts. Dans nos livres, quand on meurt, on reste mort! Cela a donc été très lourd de conséquences.

Ensuite, il ne nous restait plus qu'à écrire cette histoire avant de l'oublier. Et nous l'avons fait, un chapitre à la fois. Nous avons raconté l'histoire de nos héros et de ceux qui sont tombés au combat ou tout simplement, en chemin.

Puisque nous avons plus de 500 personnages, même si la perte d'un héros peut être lourde, nous en avions toujours plus à introduire. Nous nous sommes simplement assurés de donner un sens à la mort de notre héros. Sur ce, notre meilleure carte est que cette mort pousse d'autres héros à se lever. Dans l'art de la narration, c'est ainsi que l'on crée de la profondeur!

Assurez-vous de passer suffisamment de temps à construire vos personnages et vos mondes avant de commencer à écrire votre histoire. Faites-en beaucoup plus que ce dont vous avez besoin, ainsi, votre histoire n'atteindra jamais les limites de votre univers. Pour bien comprendre le concept, pensez aux décors d'un plateau de cinéma.

Si vous construisez les décors exactement aux besoins des plans prescrits, vos mouvements de caméra seront limités par vos propres paramètres, un pouce supplémentaire vers la gauche ou vers la droite et vous voyez maintenant les structures où la magie prend abruptement fin. Bien sûr, les décors de cinéma coûtent cher. Il faut peser les pours et contres.

Eh bien, avec le TRAVAIL PRÉPARATOIRE, cela peut coûter cher en temps et en ressources, mais quelle serait votre alternative? D'avoir une petite histoire, un petit héros, ou pire encore, un mauvais livre? Ne soyez pas avare en mode préparatoire, couvrez plus que ce dont vous avez besoin. Allez aussi loin et même au-delà, c'est votre chance de vous familiariser avec votre nouveau monde et votre chance de lui souffler une vie organique.

Là, comme les acteurs, vous pourrez marcher et évoluer dans ce monde depuis les yeux et le coeur de vos héros. Cet univers, vous l'avez tellement fait grand que peu importe la direction dans laquelle vous partirez, vous ne toucherez jamais aux limites de ce monde qui est la réalité de vos héros et, par extension, la vôtre. Ensuite, comme tout bon acteur, vous n'aurez pas à agir (créer) mais à seulement à réagir (raconter). À ce moment, il est beaucoup plus facile de ressentir.

"Les sentiments et les sensations sont les clés pour connecter avec vos lecteurs."
Dr. Bak Nguyen

Trouvez votre plaisir dans votre période PRÉPARATOIRE. Donnez-vous tout le temps que vous pensez avoir besoin, accordez-vous toutes les libertés, y compris l'échec. C'est l'importance et le luxe du temps PRÉPARATOIRE.

Vous lisez William Bak, en bon fils voulant aider son père et le battre à son propre jeu, sur son propre terrain! Ceci est **COMMENT ÉCRIRE 2 LIVRES EN 10 JOURS** présenté par **MILLION DOLLAR MINDSET**.

Bienvenu(e)s aux ALPHAS.

> La motivation est plus importante que l'inspiration
> quand il s'agit d'écrire des livres!
> **WILLIAM BAK**

CHAPITRE 2
"CRÉER DES MONDES ET DES PERSONNAGES"
Par WILLIAM BAK

Je ne suis encore qu'un enfant, je dépends beaucoup de mon père. Je n'ai pas honte de l'admettre. Au contraire, je me sens très chanceux d'avoir un père qui m'inspire et qui marche à mes côtés, comme mon meilleur ami !

Lorsque vous écrivez un livre, vous devez toujours avoir une idée claire de l'histoire que vous voulez conter. Si vous voulez écrire une histoire fantastique, vous devez savoir qui est le méchant et, bien sûr, qui est votre héros. Pas seulement leur nom, mais aussi à quoi ils ressemblent, ce qu'ils veulent et pourquoi ils sont ce qu'ils sont.

Personne n'est simplement ce qu'il est par lui-même, quelque chose est arrivé. Quelqu'un a fait quelque chose pour commencer l'histoire. Et même ce quelqu'un, il ou elle réagit à quelqu'un d'autre aussi!

Si vous voulez écrire une histoire, vous devez comprendre le contexte du monde que vous créez. En d'autres termes, vous devez définir et créer le monde dans lequel votre histoire va se dérouler. L'exemple parfait est ma franchise **LEGENDS OF DESTINY**.

Avant même de commencer à écrire, mon père et moi, nous avons créé plus de 500 personnages pour peupler notre univers. En fait, l'histoire se passe entre 2 planètes et dans l'immensité de l'univers! Nous avons même joué avec la chronologie entre le début des temps, le présent et le futur! C'est le monde de **LEGENDS OF DESTINY**. Nous l'avons fait si grand qu'il va pouvoir accommoder une franchise de 3 trilogies, de 9 livres! Sur ces 9, nous en avons déjà écrit 2 l'année dernière.

Vous n'avez pas besoin de donner un sens au monde ou à vos personnages à ce stade. C'est comme jouer à un jeu, vous les créez et les libérez dans l'univers que vous venez de créer pour voir ce qui se passe. Eh bien, nous avons amené les dieux, les anges, les démons, les orcs, les elfes et les humains dans cet univers. J'ai même introduit l'épée d'Excalibur.

Nous avons choisi de petits morceaux de légendes et d'histoire et les avons également ajoutés au mélange.

Très rapidement, les personnages ont pris vie, interagissant les uns avec les autres. Nous avons suivi nos héros et avons rapporté ce qui se passait lorsqu'ils se croisaient.

Pour créer une histoire d'action, vous avez besoin de conflits!Nous avons donc confronté des héros aux valeurs opposées ou ceux voulant la même chose. La tension montait avant même que les mots ne soient apparus dans le chapitre.

Ce qui m'a surpris dans ce processus, c'est que certains héros n'avaient pas été créé pour devenir des héros. Ils le sont devenus par circonstances. D'autres, sont devenus méchants, par circonstances aussi. C'était presque hors de notre contrôle puisque nous ne faisions que suivre l'histoire, nous aussi et que nous nous gardions de jouer la main de Dieu. Plus d'une fois, les méchants ont gagné en sympathie et en attrait alors que nos héros ont succombé à la tentation…

Créer les mondes, les personnages et leurs trames de fond nous a permis une richesse de créativité et a rendu notre histoire très organique. Ensuite, nous nous sommes amusés à découvrir nos héros, un par un. Nous devions juste être ouverts à suivre l'évolution de nos personnages.

C'est ce que je préfère dans la création: je crée et ensuite, je joue avec mes personnages et mes mondes. Le vrai plaisir arrive quand ils prennent vie. Ensuite, il ne me reste plus qu'à les suivre et raconter leurs histoires.

C'est très amusant et divertissant. Toutefois, j'ai aussi appris, à mes dépens, qu'il faut écrire toutes les idées et surtout tous les détails avant de les oublier. Il faut surtout écrire quand on est motivé. Tout ce qui est écrit reste, tout le reste, mêmes les meilleures idées, si elles ne sont pas écrites, peuvent être oubliées très rapidement.

Écrivez sur papier, sur votre ordinateur, sur votre téléphone, faites comme il vous plaît, mais écrivez avant d'oublier. Si vous ne le faites pas, eh bien, vous jouez à l'âne et vous finirez par travailler beaucoup plus fort plus tard.

Ne faites pas la même erreur que j'ai faite lorsque j'écrivais **AU PAYS DES PAPAS**. Continuez à écrire, profitez de votre inspiration du moment et écrivez jour après jour pour nourrir votre motivation. Ensuite, après avoir écrit une portion de l'histoire, partagez-la avec quelqu'un.

Vous voulez voir comment ils réagissent à votre histoire. Vous voulez écouter ce qu'ils vous disent, mais aussi les observez pendant que vous leur racontez l'histoire, ce qui les ont accrochés et ce qui les ont ennuyés. C'est pendant que vous racontez votre histoire que vous pouvez inventer plus de détails pour garder les intérêts de votre public en direct et oublier les détails qui n'ajoutent rien.

> "Ne négligez pas les détails, ils font la différence entre une belle histoire et une qui a du potentiel."
> William Bak

Puis, vous revenez à votre ordinateur et vos rajoutez ces nouveaux éléments à votre histoire. Très rapidement, vous aurez devant vous une nouvelle légende. Vos personnages et vos chapitres se construisent, lentement, de manière organique, et ils évoluent à chaque fois que vous racontez l'histoire.

Si au premier jour, l'idée d'écrire un livre semblait intimidante, eh bien, en jouant avec vos personnages et en racontant leur histoire, vous construisez votre univers jour après jour. Faites cela pour quelques personnages et très rapidement, vous aurez une légende très intéressante à raconter, une que vous aurez testée et fait évoluer avec plaisir sur le terrain.

Vous êtes maintenant prêt à commencer, asseyez-vous et commencez à écrire votre introduction! Pour moi, une introduction est importante parce qu'elle explique pourquoi j'écris ce livre. Je dois aussi expliquer pourquoi les autres devraient lire mon livre! C'est aussi dans l'introduction que j'explique qui sont mes héros et leur motivation. Je fais la même chose pour mes vilains.

Vous voulez partager suffisamment à votre auditoire pour susciter leur curiosité sans tout leur dévoiler. Il faut qu'ils lissent le livre s'ils veulent savoir le reste de l'histoire. Faites en sorte qu'ils soient investis dans votre personnage, puis terminez votre introduction sur une intrigue. Vos lecteurs n'auront pas d'autre choix que de lire votre prochain chapitre.

Ça marche parfaitement bien pour moi aussi, en tant qu'auteur. C'est comme ça que j'écris et que je reste motivé pour écrire la suite, dans un prochain chapitre. 8 chapitres plus tard, j'ai un livre, parce que moi aussi, je voulais savoir ce qui allait se passer!

« L'introduction a 2 objectifs : 1, créer le mystère pour pîquer l'intérêt de votre public et les attacher à vos personnages ; 2, pour activer vos lecteurs en appuyant sur leurs boutons.

William Bak

Que l'histoire commence! Vous lisez William Bak, en bon fils voulant aider son père et le battre à son propre jeu, sur son propre terrain! Ceci est **COMMENT ÉCRIRE 2 LIVRES EN 10 JOURS** présenté par **MILLION DOLLAR MINDSET**.

Bienvenu(e)s aux ALPHAS.

La motivation est plus importante que l'inspiration quand il s'agit d'écrire des livres!
WILLIAM BAK

CHAPITRE 3
"LES DIALOGUES"
Par Dr. BAK NGUYEN

La dernière fois que j'ai partagé avec vous mes secrets pour écrire des livres, il s'agissait de non-fiction. La première leçon que je vous ai enseignée était de connaître votre audience et d'établir un dialogue honnête. Mieux vous connaissez votre public et plus il est facile d'écrire votre livre, en non-fiction.

Eh bien, écrire de la fiction est une toute autre science. Vous ne vous adressez pas à votre audience. En fait, dans un livre de fiction, vous, l'auteur, n'avez pas de voix! Si vous parlez, vous prenez la voix de Dieu et c'est toujours à éviter quand vous écrivez de la fiction.

En fiction, vous parlez à travers les mots de vos personnages. Ce sont eux qui transposent vos sentiments et vos pensées au public. Ils transmettent vos idées et vos sentiments, non pas en adressant l'audience, mais en interagissant avec d'autres personnages.

Vous ne voulez pas être la main de Dieu qui pousse les choses à se produire. Vous voulez que votre histoire évolue de façon organique. En d'autres mots, les actions d'un personnage pousseront un autre à réagir et cela débutera une cascade d'évènements. Vous, vous êtes là en tant que témoin pour reporter les faits et les émotions.

De nos jours, nous avons tous consommé tant de légendes, d'histoires, de films et de séries télévisées pour comprendre la dynamique d'une bonne histoire. Ce qui était génial avant, aujourd'hui, c'est du déjà-vu. Ce qui a fonctionné dans le passé, aujourd'hui sera un échec.

Vous n'en êtes pas convaincu(e)s? Regardez l'évolution des films sortis en salle. La première chose à remarquer est que les films s'allongent d'année en année. Les intrigues ne sont plus les mêmes et elles se superposent de plus en plus, les unes sur les autres. Et pourquoi donc? Vous réinventez sans cesse la même recette sans vous ennuyer. Gardez en tête que le cinéma, c'est une affaire de gros sous et que chaque minute de films supplémentaires coûte…

La raison est fort simple. Tous les cinéastes et les écrivains cherchent de nouvelles façons de vous raconter les mêmes histoires, avec différents personnages et des angles différents, originaux.

Fondamentalement, la plupart des films que vous verrez sont, à un certain niveau, des reconstitutions de légendes passées et de grandes histoires du passé, nommées des classiques. Les ingrédients sont très souvent les mêmes. Mais puisque nous sommes accoutumé(e)s, les artistes doivent trouver de nouvelles façons de nous guider au travers de leur labyrinthe imaginaire et visuel.

Alors comment le fait-on? Comment pouvons-nous être originaux? Comment pouvons-nous espérer apporter quelque chose de différent à la table? Eh bien, que diriez-vous de changer les paramètres dès le début?

Nous avons appris l'importance du **TRAVAIL PRÉPARATOIRE**, nous avons créé nos personnages et en avons fait des cartes à collectionner. C'est l'absolu du conformisme puisque nous nous inspirons directement de ce qui est déjà créé et disponible, avec quelques ajouts. Jusqu'à présent, il y a certes du plaisir et de la détermination, mais absolument rien de nouveau. C'est très bien!

Pourquoi est-ce que c'est bien? Parce que cela nous donne une base avec laquelle l'audience est habituée. Un héros se bat contre vents et marées, il est seul et il se bat. En chemin, il rencontrera des alliés et des ennemis. Il sera victorieux pour un court moment jusqu'à ce que son meilleur ami le trahit et le laisse mortellement blessé.

Cette trahison s'accompagne de l'enlèvement de la belle présence féminine à ses côtés, celle qu'il n'arrivait pas à supporter en début d'histoire, mais dont il est devenu très attaché… Cela vous semble familier?

Eh bien, ayez plus de 500 de ces personnages avec des variations sur leurs antécédents, sur leurs compétences et leur quête, et vous aurez essentiellement recréé le monde dans votre main. Un héros peut se battre avec son esprit ou ses mots au lieu de son épée.

Un héros peut rechercher ses parents, un autre recherchera l'amour. La trahison peut venir de l'amant plutôt que du meilleur ami que l'on soupçonne depuis le début. L'objectif est d'induire vos lecteurs en erreur en le surprenant par ce qu'il n'a jamais vu venir. Ça, ce moment précis, c'est le sentiment qui fera de votre histoire un succès.

Multipliez les variations sur vos différents personnages, faîtes interagir ensemble et vous venez de créer une source presque infinie de nouvelles histoires originales et familières. Votre audience sera attirée initialement pour ce qui leur est familier et il restera à l'écoute tant et aussi longtemps qu'ils sentiront émotions et sensations. Surprenez-les, choquez-les, c'est votre meilleure façon de garder votre auditoire.

En fiction, j'ai remarqué que les dialogues sont le meilleur moyen de tester vos personnages et d'approfondir leurs interactions. Si vous écrivez en tant que Dieu, vous racontez l'histoire sans émotions et sans profondeur. Il devient donc beaucoup plus difficile pour votre public de s'attacher à vos personnages. Et ce sera d'autant plus difficile pour vous de les mener vers votre prochain chapitre.

C'est pourquoi vous devez jouer vos personnages comme le ferait un acteur, vous devez vous mettre dans la peau de vos personnages et voir le monde de leurs yeux. C'est ce monde que vos mots doivent décrire, ce monde tâché et aux odeurs de la réalité de votre personnage. La suite sera la réponse et l'interaction avec vos autres personnages.

Il n'est pas toujours simple de jouer les deux personnages d'une même scène et d'être authentiques aux deux, avec de la profondeur et des vrais sentiments, surtout lorsque vos personnages, pour en faire une bonne interaction, auront des sentiments bilatéralement opposés. William et moi avons résolu ce problème en jouant nos personnages pendant que nous écrivons. Si je parle pour Albert, il répondra pour Roger.

C'est ainsi que nous avons mené **AU PAYS DES PAPAS** du naufrage au chef-d'œuvre, grâce à de bons dialogues. Si le rythme de l'histoire était lent et la quête très floue en début de l'histoire, nous avons insufflé une nouvelle énergie grâce aux dialogues des papas, tous très stéréotypés, presque caricaturaux. Cela nous a permis de faire beaucoup, beaucoup de blagues pour maintenir l'intérêt, celui du public et le nôtre!

Plus nous écrivions des dialogues, meilleure était l'histoire. Dans **AU PAYS DES PAPAS**, nous n'avions pas autant de personnages qu'avec **LEGENDS OF DESTINY**. Avec moins de personnages, cela nous a obligé à garder la structure narrative CLASSIQUE, celle d'ALICE AU PAYS DES MERVEILLES cherchant à rentrer à la maison. Mais ensuite, les personnalités uniques de nos personnages en ont fait une histoire originale.

Nous avons fait cela sans avoir l'ambition d'écrire le meilleur scénario de tous les temps, nous ne cherchions tout simplement que des moyens de revenir de notre manque d'inspiration et de motivation. Parler et plaisanter avec nos personnages a donné un nouveau souffle de vie à notre histoire au point de créer un deuxième volume, juste après avoir terminé le premier!

Alors mon conseil pour vous est le suivant: si vous voulez écrire de la fiction, cherchez des partenaires avec qui partager le processus créatif. Donnez-leur autant de pouvoirs que vous en avez. Permettez-vous d'incarner les différents personnages de votre scénario et prêtez-vous au jeu. Vous pouvez également enregistrer ces conversations, cela vous aidera à conserver le caractère unique de vos personnages.

Avec William, nous nous sommes tellement amusés avec les gaffes et les farces aux dépens de nos héros avant de nous asseoir pour écrire. Nos personnages, nous les connaissions si bien, car nous les avons joués maintes et maintes fois. Au moment d'écrire, tout ce que nous avions à faire était de fermer les yeux et de laisser les mots et les paroles arriver.

Ensuite, lors de la révision, notamment du livre audio, on modifiait, éditait, coupait voire réécrivait les dialogues de nos personnages. Tant que cela améliorait l'histoire, rien n'était de trop.

> "Si vous voulez écrire de la fiction organique en vous amusant, écrivez en dialogues."
> Dr. Bak Nguyen

Vous lisez William Bak, en bon fils voulant aider son père et le battre à son propre jeu, sur son propre terrain! Ceci est **COMMENT ÉCRIRE 2 LIVRES EN 10 JOURS** présenté par **MILLION DOLLAR MINDSET**.

Bienvenu(e)s aux ALPHAS.

La motivation est plus importante que l'inspiration quand il s'agit d'écrire des livres!
WILLIAM BAK

CHAPITRE 4
"CHAPITRE 1"
Par WILLIAM BAK

Après l'introduction, il est maintenant temps de sauter à pieds joins dans votre livre. Le temps est venu d'écrire votre premier chapitre. Pour moi, le premier chapitre est le plus difficile et ensuite, tout devient plus facile.

En écriture de fiction, il y a 2 façons de commencer votre premier chapitre. Soit que vous commencez avec plusieurs personnages, soit que vous vous concentrez sur un seul. Présenter votre héros et construire autour de lui ou elle est la manière classique. C'est plus sûr, le rythme de l'histoire est plus lent et vous devrez créer des points d'intrigue pour lancer l'histoire.

Je préfère faire l'inverse, en commençant avec plusieurs personnages dès le début. C'est plus intéressant, mais aussi beaucoup plus désordonné. Le danger est que votre public peut rapidement s'y perdre. S'il n'y a pas de points d'intrigue qui retiennent votre audience captive, vous les perdez. Vous devez misez sur la personnalité unique et l'interaction entre vos personnages.

À cause de ce choix, le premier chapitre est le plus difficile à écrire pour moi, car je peux aussi m'y perdre en tant qu'écrivain. Gardez à l'esprit que vous présentez vos multiples personnages et le monde dans lequel ils évolueront en 2, max 3 paragraphes.

Une autre façon de faire est de commencer par une action au lieu d'un personnage. Parce que nous commençons sur une action, l'histoire reprend beaucoup plus vite et vous n'introduisez personne (l'introduction d'un personnage est souvent lent et long). Vous commencez en plein milieu de l'action. Et parce que vous commencez par une action, les personnages qui en font partie sont introduits presque par magie.

Ensuite, vous élargissez la portée de la scène à ce qui est à l'extérieur et le tour est joué, vous venez d'introduire leur monde, comme une caméra de cinéma. Prenons 2 exemples pour illustrer la différence de chaque manière.

BASÉ SUR LE PERSONNAGE

Richard est réveillé. Il est seul dans son lit. Comme tous les autres jours, il n'a pas beaucoup dormi. Il est encore en retard au travail, son patron ne tolérera plus cela très longtemps. Il se précipite vers les portes pour se rendre au travail juste pour se rappeler qu'il ne peut plus marcher...

BASÉ SUR L'ACTION

Comme tous les dimanches après-midi, Richard est à son poste, derrière le bar. C'est assez occupé pour un dimanche après-midi dans le saloon. Il y a les locaux, Greg et Hyu buvant à côté, un inconnu tout en noir assis seul et 2 des mineurs profitant de leur pause. Richard servait de la bière lorsque le shérif a fait irruption et que la fusillade a commencé...

Pouvez-vous constater la différence des deux scénarios? Dans le premier, votre personnage est plus mystérieux. Puisque vous êtes dans la tête de votre personnage, le monde n'est pas défini et parce que nous sommes dans sa tête, nous sommes seuls. Ensuite, nous devrons écrire une autre scène pour commencer à présenter les personnages un par un. C'est la voie classique et la voie longue.

Je ne vais pas vous mentir, en écrivant le deuxième exemple, j'ai pris un peu plus de temps car il me devait de choisir le point de vue d'un personnage pour conter l'histoire. Mais comme je n'ai que très peu de temps, c'est lui ou elle qui introduit les autres personnages et établit les murs et les mondes dans lesquels se déroule l'action. Si vous voulez vraiment le savoir, c'est comme la première scène cinématique d'un jeu vidéo plûtôt que l'introduction d'un livre.

La première phrase était celle de Richard. Déjà on en sait plus sur lui que dans le premier exemple, on sait qu'il est barman. Puis, dès la 2e phrase, nous avons commencé à présenter les personnages autour du saloon. Le mot saloon nous a juste donné plus de contexte à la fois la géographie et la période de l'histoire. À la 3e phrase, l'action vous frappe en plein visage avec des balles volantes.

Nous avons établi les personnages, le monde et l'action en 68 mots et 4 phrases, contre 54 mots, et 5 phrases pour le premier exemple où tout ce que nous avons obtenu était le nom du personnage et ses défauts, l'existence de son patron et le fait qu'il ne peut pas marcher. C'est sûrement mystérieux mais tellement plus lent!

Nous avons commencé **LEGENDS OF DESTINY** en introduisant le passé de nombreux personnages. Certains étaient des héros, certains étaient des guerriers et certains n'étaient que des gens ordinaires. Nous l'avons fait en introduisant les points d'action.

Nous avons conservé cette technique non seulement pour le premier chapitre, mais tout au long du livre, en introduisant de plus en plus de personnages avec l'évolution des points d'action.
C'est beaucoup plus difficile à faire et à garder la trace de vos héros, mais une fois que c'est établie, avancer est beaucoup plus facile, tout comme surfer sur une vague. Chaque personnage veut quelque chose. À travers les actions, ils ont évolué dans leur quête pour trouver ce quelque chose.

L'action est le carrefour où ils se rencontrent et comment ils réagissent est l'histoire contée. Chaque action a des conséquences qui conduiront vos personnages et votre public à l'action suivante, rencontrant encore plus de personnages et de conséquences.

Si vous saviez qui sont vos personnages avant même d'avoir écrit votre introduction, eh bien l'histoire prend rapidement vie, juste après les quelques premiers paragraphes du chapitre 1.

> "J'aime commencer par un BANG!"
> William Bak

En ouvrant votre histoire sur l'action, il est plus difficile d'écrire et de garder la trace de vos multiples personnages. Le piège serait alors de ne pas connecter avec votre public. Mais une fois cela fait, wow! Écrire devient un plaisir puisque vous découvrez l'histoire au fur et à mesure que vous écrivez.

Et à propos de vos personnages, vous n'avez pas à les définir comme des héros ou des méchants. Vous venez de les mettre au milieu de l'action, ils se définissent eux-mêmes par leurs choix et actions.

C'est principalement ainsi que nous avons écrit les 2 premiers livres de la franchise **LEGENDS OF DESTINY**, tous deux en un peu plus d'une semaine chacun. C'est aussi ainsi que nous avons réussi à garder notre inspiration et notre motivation pour attendre avec impatience les 7 prochains volumes de la série.

Nous avons des personnages et des mondes dans lesquels nous pouvons voyager et pousser sans jamais en toucher les limites. À chaque fois que l'intrigue ralentit, nus n'avons qu'à ouvrir une nouvelle porte et introduire un nouveau personnage, un nouveau mystère ou même un nouveau monde. Comme dans la vie, l'histoire ne s'arrête jamais.

Je vous ai donné mon secret et la raison de mes préférences mais c'est vous qui choisissez comment commencer VOTRE histoire. C'est le pouvoir de l'auteur! À propos, ce n'est vrai qu'au début mais une fois que vous avez mis les personnages en action, vous ne contrôlez plus l'histoire, c'est eux qui sont en contrôle!

Si vous voulez garder le plaisir à écrire des histoires organiques qui font du sens, vous devez définir les mondes, les règles et passer beaucoup de temps à polir vos personnages. Mais une fois qu'ils sont en action, votre travail n'est plus de prendre des décisions.

Votre travail revient alors à les suivre et à rapporter leurs aventures, les sentiments et leurs motifs. C'est une distinction cruciale que j'ai apprise entre écrire **LEGENDS OF DESTINY** et écrire **AU PAYS DES PAPAS**.

Chacun a maintenant 2 volumes. Les deux sont de grandes histoires mais **LEGENDS OF DESTINY** a 7 livres de plus (et j'ai hâte de commencer le prochain volume) tandis que **AU PAYS DES PAPAS** s'arrête à 2 volumes.

Si **LEGENDS OF DESTINY** a pris des jours à écrire, **AU PAYS DES PAPAS** en a pris des mois et nous étions si près d'abandonner en cours de chemin. La différence est dans la multitude des personnages et des mondes.

Le premier chapitre a également joué un grand rôle dans le rythme de l'histoire. Nous avons ouvert **LEGENDS OF DESTINY** au coeur de la genèse cosmiques de l'Univers alors que nous avons commencé **AU PAYS DES PAPAS** avec 2 faux départs en introduisant 2 débuts de livres. L'histoire n'a réellement débuté qu'à la fin du chapitre 1. Cela a imposé le rythme lent aux chapitres suivants puisqu'il nous fallait introduire les autres personnages, un par un.

AU PAYS DES PAPAS est un conte magique de Noël, c'était la bonne façon de le faire. Mais je n'en écrirai pas un autre avant longtemps…

Nous avons créé les personnages, nous avons choisi les thèmes et les règles, mais une fois que cela a commencé, vous, en tant qu'auteur, devez prendre du recul et suivre la logique que vous avez créée.

"Si vous voulez tout contrôler, alors, tout retombe sur vos épaules, à chaque étape du chemin."
William Bak

ATTENTION, toutes les idées ne sont pas bonnes à écrire! Si vous construisez sur une idée et que c'est une mauvaise idée, vous êtes coincé, pour le reste de l'histoire, à faire face à ses conséquences. Si vous avez une approche basée sur l'action, vous devrez toujours faire face à vos conséquences, mais vous serez libre de laisser ce personnage derrière vous et de remplacer rapidement le scénario par de meilleures alternatives.

Ne vous y trompez pas, vous devrez éventuellement revenir sur ce personnage pour y donner suite. Toutefois, ce ne sera pas l'échec de votre roman puisqu'il peut maintenant devenir qu'un bas de page. J'ai appris cela quand il m'a fallu revenir aux débuts des histoires introduites dans le premier **AU PAYS DES PAPAS**.

Si le premier début a introduit le ton et la richesse du monde du 2e **AU PAYS DES PAPAS**, eh bien, le 2e début avec Guillaume a demandé beaucoup de nuits à se gratter la tête pour lui trouver un sens et une fonction.

Pour notre défense, nous nous sommes fait torpiller par mon grand-père en chemin. L'histoire lui était destinée, nous voulions l'honorer, puis, il a décidé de rester discret et privé. Nous avons respecté son souhait. Ensuite, nous avons dû faire face aux conséquences de notre choix.

>"Chaque choix a ses conséquences.
>Rien n'est gratuit, jamais!"
>William Bak

Une fois que vous avez défini le rythme du chapitre 1, les chapitres 2 et 3 devraient être plus faciles à écrire. Après votre héros, vous savez maintenant comment présenter le méchant comme un autre héros, celui qui ne se soucie que de son propre objectif. La personne qui résiste à cela et qui ne meurt pas dans le processus est votre héros!

Et si votre héros meurt en cours de route (cela arrive aussi), assurez-vous d'avoir quelqu'un pour le remplacer qui maintiendra le rythme de l'histoire. C'est à peu près le contenu de vos 3 premiers chapitres.

Vous lisez William Bak, en bon fils voulant aider son père et le battre à son propre jeu, sur son propre terrain! Ceci est **COMMENT ÉCRIRE 2 LIVRES EN 10 JOURS** présenté par **MILLION DOLLAR MINDSET**.

Bienvenu(e)s aux ALPHAS.

La motivation est plus importante que l'inspiration quand il s'agit d'écrire des livres!
WILLIAM BAK

CHAPITRE 5
"L'ANATOMIE D'UN CHAPITRE"
Par Dr. BAK NGUYEN

Vous êtes diplômé… ou presque! Vous êtes maintenant sur la bonne voie pour écrire votre premier roman! Comment vous sentez-vous? Soyez fièr(e)s et excité(e)s, plusieurs grandes aventures vous attendent!

Attendez encore un peu, avant de sauter sur votre portable pour commencer à écrire. J'ai encore quelques conseils qui vous aideront à écrire votre premier chef-d'œuvre.

Si je reprends l'essentiel que je vous ai partagé dans **COMMENT ÉCRIRE UN LIVRE EN 30 JOURS**, l'un des chapitres les plus importants était celui sur la façon de structurer vos chapitres. La structure que je partageais alors avec vous était faite sur mesure pour des livres non fictifs, notamment pour écrire des biographies et des discours.

Eh bien, écrire de la fiction est une structure totalement différente.

J'ai appris à raconter des histoires avec l'art d'écrire des scénarios Hollywoodiens. Même si je n'ai jamais assisté à un cours en personne, j'ai acheté ces séminaires audio et ces livres sur l'art de la narration. Alors oui, bien avant COVID, j'ai étudié à distance, avec des CD et des livres.

C'est ainsi que j'ai appris la structure du scénario en 3 actes et son rythme. C'est très méthodique, un peu comme une recette de pâtisserie. Chaque acte a son propre rythme. Les scénarios sont construits autour des points d'intrigue. Chaque point d'intrigue avance un peu plus l'histoire. En gros, ça se passe comme ceci:

L'ACTE 1 représente environ 25% de votre histoire, depuis l'introduction de vos héros et ce qu'ils recherchent (leur quête). Ensuite, l'ACTE 2 représente environ 50% de votre scénario, alors que votre héros part à l'aventure pour trouver ses compétences et son destin.

Puis, à la fin de l'ACTE 2, notre héros est dans un pétrin encore plus grand que lorsqu'il a commencé son aventure. Il devra, souvent sans aide, surmonter cette épreuve et se relever encore plus fort. L'ACTE 3 est le retour final du héros qui bat le méchant et sauve la princesse. L'ACTE 3 représente également environ 25% de la longueur totale du script.

Voilà la structure des 3 ACTES. Ensuite, dans chaque acte, il y a des points d'intrigue qui vous guideront tout au long de l'aventure de votre héros. Fondamentalement, chaque fois que votre héros avance dans son voyage, il fait face à un revers qu'il devra surmonter. L'alignement des revers met votre héros au défi de continuellement avancer sa quête. C'est ce qui fait avancer votre scénario.

C'est à peu près la colonne vertébrale de la structure classique de la narration. Nous y sommes assez habitué(e)s, même si nous ne sommes pas pleinement conscients de ses rythmes et de sa construction. C'est la structure des légendes CLASSIQUES. D'Ulysse au roi Arthur en passant par Marty McFly et Daniel LaRusso ou Luke Skywalker, c'est le même cadre qui construit leur récit.

C'est la méthode classique. Existe-t-il un autre moyen? Bien sûr. Dans les années 1800, un auteur français, Alexandre Dumas, a popularisé une autre forme d'écriture, dans laquelle les 3 ACTES étaient toujours valides, mais qui maintiendrait le rythme de l'histoire à un rythme beaucoup plus rapide. Il a utilisé la technique narrative aujourd'hui utilisée dans les émissions de télévision, par épisodes.

Bref, l'utilisation des épisodes est un peu différente de l'écriture d'une histoire en 3 ACTES. Fondamentalement, un chapitre doit se contenir, avec les 3 ACTES raccourcis et intégrés dans un seul chapitre ou un épisode.

D'un épisode à l'autre, vos héros sont déjà connus, ce qui raccourcit le temps nécessaire pour les introduire. En fait, la plupart des épisodes commenceront sur une action, tout comme couverte dans l'écriture du premier chapitre. Cette action établit les prémisses de tout l'épisode. Nous avons alors généralement un groupe de héros parmi lesquels choisir qui résoudra le défi posé.

Il y a toujours les 3 ACTES mais raccourcis à une échelle beaucoup plus petite. L'idée est de faire avancer la résolution de la situation, par l'interaction humaine avec les autres personnages, dont la plupart sont déjà connus du public. Ensuite, nos héros affronteront des hauts et des bas et devront surmonter chacun des défis. Eux aussi feront face à l'impossible et devront trouver une solution unique.

Tout comme dans le script CLASSIQUE, votre héros devra résoudre le problème à la fin de l'histoire. La proportion de 25/50/25 est plus ou moins respectée mais la base est là. Dans le script ÉPISODIQUE, pour approfondir la personnalité et les traits de votre personnage, l'utilisation de GHOST STORY est très souvent utilisée.

Un GHOST STORY est essentiellement un évènement survenu dans le passé qui a laissé une marque, physiquement, moralement et/ou émotionnellement sur votre héros. Celle-ci est toujours présente, et c'est ainsi qu'au plus profond de ses ennuis, notre héros devra affronter ses démons pour surmonter l'impossible. Ensuite, bien sûr, notre héros sauve la situation et séduit l'héroïne.

Surtout depuis Alexandre Dumas, chaque épisode se termine souvent par une nouvelle intrigue, ne vous laissant d'autre choix que de continuer à lire. La nouvelle intrigue arrive toujours sur le seuil de la porte de nos héros juste au moment où ils célébraient leur victoire.

AU PAYS DES PAPAS a été écrit selon la structure d'un script CLASSIQUE. **LEGENDS OF DESTINY** utilisait davantage la structure des scripts ÉPISODIQUES. Ayant fait les deux, je peux vous dire qu'il est beaucoup plus facile d'écrire avec la structure épisodique.

Fondamentalement, tout votre livre est une série d'épisodes qui s'alignent. Écrire avec des épisodes vous donne également la liberté de passer d'un personnage à l'autre. En d'autres termes, vous n'êtes pas coincé avec le point de vue du même personnage tout au long du script. Cela aide souvent à alléger l'ambiance et vous permet d'aborder différents éléments de l'histoire à partir de différents points de vue.

Le principal effet secondaire de l'utilisation des épisodes comme forme narrative principale est que vos personnages sont ceux qui font avancer votre histoire, pas les actions elles-mêmes. Dans la forme narrative CLASSIQUE, c'est davantage l'action dictant la marche de notre héros qui fait avancer l'histoire.

En d'autres termes, il est beaucoup plus facile de jouer à Dieu et même de surjouer Dieu dans la forme narrative CLASSIQUE par rapport à la forme ÉPISODIQUE.

Au fur et à mesure que vous écrivez, vous découvrirez les deux modes de narration et trouverez celui qui vous convient le mieux. Dans notre cas, William et moi, nous en sommes venus à apprécier la forme ÉPISODIQUE comme notre choix de prédilection, et de loin.

Le récit ÉPISODIQUE est plus facile pour nous. Toutefois, cela ne vient qu'après une longue période de TRAVAIL PRÉPARATOIRE, mettant en place une multitude de personnages.

Donc en bref, voici l'anatomie de nos chapitres :

- En bref, voici l'anatomie de nos chapitres :
- ACTION pour ouvrir le chapitre.
- Retour à nos héros alors qu'ils s'impliquent dans le défi
- Face à face avec le méchant.
- La course commence et le méchant découvre la principale faiblesse de nos héros
- GHOST STORY, expliquant le handicap de notre héros.
- Le méchant gagne et notre héros est dépouillé de sa confiance.
- Ensuite, le méchant fait quelque chose d'encore plus atroce, forçant notre héros à affronter ses démons
- Le héros surmonte ses démons et bat, dans un combat ultime, le méchant qui est devenu arrogant et trop confiant. (Cela se produit généralement avec l'aide d'un allié puissant).
- Puis nos héros sortent pour célébrer
- Ensuite, quelque chose de nouveau comme une bombe les attend littéralement à leur porte. Une autre alternative est une intrigue mineure non-résolue qui prend maintenant des proportions à faire trembler la terre et qui revient sur la table.

En utilisant une telle structure, vous êtes sur la bonne voie pour garder votre public motivé et continuer à faire avancer votre histoire, au moment même où vous l'écrivez.

Avez-vous déjà entendu parler du mur d'inspiration des écrivains? Cela se produit généralement autour de 40 à 60% de votre histoire quand votre héros est perdu dans le rythme et le désordre dans lequel vous l'avez jeté. Eh bien, cela ne nous est jamais arrivé avec le récit ÉPISODIQUE.

Nous avons frappé le mur des écrivains plus d'une fois dans **AU PAYS DES PAPAS** construit sur la structure narrative CLASSIQUE. Ce n'est pas une règle de vous dire d'utiliser une forme narrative plutôt qu'une autre, mais c'est juste pour partager avec vous comment nous écrivons avec succès et pourquoi cela fonctionne pour nous.

Vous lisez William Bak, en bon fils voulant aider son père et le battre à son propre jeu, sur son propre terrain! Ceci est **COMMENT ÉCRIRE 2 LIVRES EN 10 JOURS** présenté par **MILLION DOLLAR MINDSET**.

Bienvenu(e)s aux ALPHAS.

La motivation est plus importante que l'inspiration quand il s'agit d'écrire des livres!
WILLIAM BAK

CHAPITRE 6
"LA MONTÉE"
Par WILLIAM BAK

Super, vous avez terminé avec le premier ACTE, c'est déjà 25% de votre script. Vous avez présenté vos héros et leurs missions. À ce stade, le méchant est également très bien établi. Il est temps de commencer votre quête, de commencer le deuxième ACTE.

Encore une fois, il y a 2 façons d'aborder la quête. La première consiste à faire en sorte que votre personnage principal parcoure seul son chemin. Vous pouvez aussi avoir un groupe de personnages pour parcourir le même chemin, ensemble ou en parallèle.

Dans la structure narrative classique, vous aurez votre héros avec la présence de quelques alliés, souvent un mentor comme Obiwan Kenobi à Luke Skywalker dans Star Wars ou Merlin à Arthur dans Les Légendes des Chevaliers de la Table Ronde. À eux, plus d'alliés se joindront pour les aider en chemin. Dans cette structure, vous avez un héros et ses alliés.

L'autre façon est d'avoir plus d'un héros pour faire le même voyage. Ils ne font même pas le voyage ensemble, mais ils le parcourent en parallèle. Dans certaines histoires, ils deviendront des concurrents, dans d'autres, ils devront unir leurs forces pour vaincre l'impossible, l'ennemi commun. À ce stade, même s'ils étaient rivaux au départ, la fusion de leur parcours en fera des alliés. Le meilleur exemple que je puisse citer est celui des AVENGERS.

Un exemple plus ancien d'une telle structure narrative, à l'envers, est LE SEIGNEUR DES ANNEAUX, dans lequel la Communauté de l'Anneau s'est séparée et a gardé sa mission sur différents fronts.

Dans les deux structures narratives, vous avez un héros qui émergera en tant que personnage principal, le leader. Cela est rarement défini dès le début. Ce sont davantage les conséquences du déroulement de l'histoire et la façon dont votre héros a relevé chacun de ses défis qui l'élèveront au rang de héros principal. Habituellement, le héros qui évoluera le plus est votre héros principal, n'est-ce pas? Faux!

Votre personnage principal n'est pas le plus fort ni le plus intelligent, mais celui qui a assez de charisme pour rallier tous les autres héros derrière lui ou elle. Ce genre d'ascension n'est possible que dans la deuxième forme narrative, celle avec des héros multiples.

Ainsi, lorsque vous les présentez comme ça, dans la première structure narrative, vous et votre public êtes en quelque sorte coincés avec un héros qui peut, ou pas, devenir le leader dont vous avez besoin.

Pour moi, cela ressemble à une dictature, comme si vous jouiez à Dieu. Est-ce suffisant pour vous donner ma préférence? Je préfère de loin que mes héros se disputent les projecteurs et, au fur et à mesure qu'ils avancent, ils évolueront en fonction de leurs décisions et ils s'élèveront si tel est leur destin.

> "Oui, je suis l'auteur, mais je n'aime pas jouer Dieu."
> William Bak

C'est ainsi que j'écris mes histoires, laissant à mes héros l'espace et l'opportunité de choisir et d'atteindre ou non leur plein destin. Il n'y a aucun jugement ici! Ce n'est pas facile et ce n'est même pas un objectif souhaitable que de s'élever en héros. Avez-vous une idée de la douleur et des sacrifices qu'un héros doit endurer pour sortir victorieux?

Donc non, ce ne sont pas tous les personnages créés qui deviendront des héros. Même si j'écris les mots, je ne décide pas qui se lève et qui ne se lève pas. Je joue mes personnages, je me mets à leur place et je ressens ce qu'ils ressentent. Leurs décisions sont toujours alignées sur les valeurs fondamentales et les circonstances que nous leur avons données depuis le début de l'histoire.

Par exemple, si votre héros est un jeune homme qui n'a rien à perdre, il y a de fortes chances qu'il n'hésite pas avant de se lancer tête première dans le prochain défi lancé. Avec exactement les mêmes valeurs, un héros qui a un fils ne sera pas aussi téméraire. Ainsi, dans l'histoire, ce père agira comme un personnage plus faible.

Les rebondissements de l'histoire obligeront chacun de nos héros à s'élever au-dessus de leur état d'esprit actuel. Dans le cas du jeune homme, il peut être si téméraire qu'il saute dans un piège et est obligé de surmonter ce gâchis avant de pouvoir passer à la prochaine étape. C'est parfois suffisant pour le mettre en retrait et lui faire perdre la place de héros principal.

En ce qui concerne le personnage du père, si son fils est capturé, cela mettra notre personnage en mode héros qui n'arrêtera devant rien pour sauver son fils. Cette détermination l'enverra en mode **overdrive** et fera de lui un héros par deux sinon trois fois. Il n'était pas un héro. il l'est devenu par l'amour de son fils.

Au fur et à mesure que l'histoire se déroule, ce qui arrive au fils peut, encore une fois, dérouter l'histoire de plusieurs façons. Supposons que le fils perd la vie. Cela peut soit briser votre héros pour de bon, ou renforcer sa conviction en le personnage le plus fort et le plus déterminé du royaume.

Il y a une chance sur 2 que l'histoire aille dans un sens ou dans l'autre. Encore une fois, ce n'est pas seulement à l'auteur de décider, parfois le moindre détail influencera et fixera le cours de l'histoire.

Les alliés entourant le héros alors qu'il pleure sa perte auront une influence considérable sur lui. Et ces alliés devront être conséquents avec leur propre évolution et leurs propres valeurs tout au long de l'histoire. Maintenant, vous voyez clairement qu'en tant qu'auteur, vous fixez les prémisses, mais une fois que cela est fait, votre travail n'est pas de contrôler vos personnages, mais de suivre leur instinct et leur logique à travers ce qu'ils ressentent.

En tant qu'auteur, la clé est de ressentir ce que vos personnages ressentent. Plus le sentiment est authentique, meilleure est l'histoire. C'est ainsi que nous avons écrit **LEGENDS OF DESTINY** et **AU PAYS DES PAPAS**. La seule différence est qu'à chaque fois que nous sommes dans la structure narrative classique, nous avons moins de choix et devons nous rappeler que nous ne sommes pas Dieu.

Dans l'autre cas, il est beaucoup plus facile d'avancer dans l'histoire puisqu'il n'y a pas 2 héros qui réagiront exactement de la même manière. Cela nous donne des options. Dans certains cas, le méchant change de vitesse à ce pivot et devient le meilleur allié de notre héros.

C'est pourquoi je déteste qualifier mes personnages de héros-ou de méchants. Ce sont tous des héros pour moi, certains sont juste plus sombres que d'autres. C'est ce que mon père m'a appris dans la vraie vie, à ne pas juger. Maintenant, je comprends cette sagesse alors que j'écris.

Et qu'est-ce que j'écris? Est-ce que cette fiction est juste pour vous divertir, vous et moi? Ce que j'écris, ce sont les possibilités de la vie et des simulations de la façon dont les gens réagiraient dans des circonstances spécifiques. Plus j'écris, plus je prends ce rôle au sérieux et je m'abstiens d'être Dieu. Cela rend mon histoire bien meilleure, mais cela m'apprend aussi des comportements réels.

Une autre chose que j'ai appris en écrivant des romans, c'est qu'il est beaucoup plus difficile pour un personnage de s'élever si, dès le début de l'histoire, il a déjà un statut de héros. Plus d'une fois, le héros que nous avons créé était déjà au maximum de son évolution. S'il était la figure marquante en début d'histoire, il tombe rapidement dans le rôle du mentor pour un personnage plus jeune, plus souple qui a le pouvoir d'évoluer.

Dans le cas où le héros initial n'abandonne pas, il y a de fortes chances qu'il se lance dans un défi dès le début, celui qui le handicapera et le fera reculer. Et ce n'est même pas encore le défi principal!

Les personnages qui ont les meilleures chances d'ascension sont les personnages moins définis en début d'histoire. Puisqu'ils sont exposés à moins d'attentes, ils ont une meilleure chance d'émerger et ne sont pas automatiquement plongés dans la première quête impossible. Certains d'entre eux mourront en chemin.

Puisque nous avons plus d'un héros, cela nous donne toujours la possibilité d'en avoir un resté debout.

Vous comprenez maintenant les règles du monde, même fictif, que vous êtes en train de créer. Tout doit avoir un sens et doit être expliqué.

Vous lisez William Bak, en bon fils voulant aider son père et le battre à son propre jeu, sur son propre terrain! Ceci est **COMMENT ÉCRIRE 2 LIVRES EN 10 JOURS** présenté par **MILLION DOLLAR MINDSET**.

Bienvenu(e)s aux ALPHAS.

La motivation est plus importante que l'inspiration quand il s'agit d'écrire des livres!
WILLIAM BAK

CHAPITRE 7
"LES PERSONNAGES"
Par Dr. BAK NGUYEN

C'est déjà l'avant-dernier chapitre de notre parcours. Nous nous sommes développés autour de la création et de l'importance de nos personnages. En parcourant les chapitres, je pense quand même qu'on a beaucoup à gagner à aller en profondeur, en poussant un peu plus loin le sujet des personnages puisqu'ils sont si importants pour le succès d'une histoire!

Maintenant, vous connaissez notre préférence en matière d'écriture de fiction. William et moi, nous créons beaucoup plus de personnages avec des traits de personnalité et des histoires avant même de commencer notre nouveau script. Ces personnages peuvent être aussi génériques que Merlin et Superman à Lucifer et Zeus. Ce n'est pas bien important.

Ensuite, en tant qu'auteurs, nous définissons les mondes et les principaux événements qui se dérouleront dans le scénario. Ce sont à la fois le terrain de jeu et la chronologie. Ce n'est qu'alors que nous commençons le chapitre 1 avec le premier événement (catastrophe) et en mettant en scène quelques-uns de nos personnages. Ce n'est qu'une fois dans l'action que nos héros se définissent réellement.

Vos personnages doivent avoir suffisamment d'espace pour évoluer et devenir des héros. Commencer avec un personnage ayant déjà la stature d'héro ne fera que compliquer votre tâche pour l'élever au prochain niveau. C'est un classique du storytelling, si le premier Superman ou le premier film de la Matrice était plus facile à écrire, leurs suites sont toujours beaucoup plus difficiles puisque votre héros est déjà grand, courageux et fort! Il vous faut maintenant faire plus, faire mieux que mieux!

Ensuite, vous devrez faire intervenir des forces plus méchantes pour recréer un vide encore plus grand que celui auquel votre héros a dû faire face dans le premier volume.

N'oubliez jamais cela lorsque vous créez vos personnages. Assurez-vous que certains d'entre eux ne sont encore que des rêveurs, vous aurez ainsi la chance de les élever sans trop de difficultés. Vos anciens héros, eh bien vous pouvez les garder comme mentors. C'est exactement ainsi que Marvel a abordé l'introduction de Spiderman dans le MCU, en ayant Ironman pour servir de mentor, puis en ayant le Dr Strange pour remplir reprendre ce rôle à la mort de ce dernier.

"Un statut de héros n'est pas quelque chose qui durera éternellement. Tout comme la confiance, il devra être renouvelé quotidiennement."
Dr. Bak Nguyen

Cela va dans les deux sens. Si vous avez besoin d'inspiration pour savoir quoi écrire ensuite, eh bien, la réinvention de vos héros en mentors est un excellent moyen d'écrire la suite de histoire.

Une autre possibilité est de revenir en arrière et de raconter l'histoire du mentor et de son ascension au statut de héro. Ça aussi, c'est une technique qui fonctionne bien et vous permet de recréer une nouvelle histoire autour d'un personnage déjà connu, mais sans les handicaps du déjà héros établi.

Vous pouvez également utiliser le même principe pour raconter l'histoire de votre principal méchant. Que s'est-il passé pour assombrir un héro de la sorte! Ces histoires sont très originales, car en plus de raconter l'ascension d'un héro et de sa quête, vous devez nuancer son parcours et le faire tomber de l'autre côté, dans l'ombre, le tout en gardant l'intérêt de votre audience. En d'autres mots, il vous faut faire aimer un méchant et le rendre sympathique!

Ça, croyez-moi, c'est tout un exercice de créativité! Ce n'est pas seulement une astuce pour écrire un autre livre, c'est en fait une technique délicate que vous devez maîtriser pour vous assurer que votre méchant est crédible et que votre public continue de s'y attacher. En d'autres mots, de s'identifier à celui-ci. Habituellement, un méchant est un héros qui a été confronté à des circonstances impossibles.

En écrivant **LEGENDS OF DESTINY**, j'ai toujours cette avenue en tête à chaque fois que j'arrive à la conclusion qu'un héros va s'assombrir et devenir un vilain. Voyez-vous, je n'aime pas le terme méchant, car cela implique que notre vilain est né méchant. Dans mon opinion, cela manque de profondeur, de crédibilité et de dimension. Les gens deviennent des héros ou des vilains, mais ils ont tous commencé à être des gens d'abord. Ensuite, ils ont choisis.

Ce sont généralement des succès assurés puisque vous n'y pensez qu'une fois que votre personnage a d'abord été établi comme un personnage désirable, aimé ou craint par beaucoup.

> "Donnez à chacun sa chance, responsabilisez-le et il grandira pour que vous n'ayez pas à travailler aussi fort."
> Dr. Bak Nguyen

Nous venons donc de couvrir le héros principal, le méchant et le mentor, qui proviennent essentiellement du même groupe de personnages à différentes étapes de leur évolution et des différents choix qu'ils ont faits en cours de route. Et les alliés ?

Je ne sais pas pour vous, mais moi, je déteste avoir l'allié parfait juste à côté de mon héros. C'est trop évident et dilue généralement la crédibilité de notre histoire. Je préfère penser que les héros anciens et futurs peuvent être des alliés.

Ils ont les compétences, mais n'ont pas encore trouvé la volonté de marcher leur destin par eux-mêmes dans le cas des futurs héros. Pour ce qui est des mentors, ils ont l'expérience, mais n'ont plus la force de porter une telle mission sur leurs épaules.

Le mentor est un personnage très spécifique dans votre histoire. Il ou elle a souvent la volonté et les connaissances nécessaires pour marcher sur le chemin, mais aussi une limitation (âge, force, démons) qui le retient pour sauver le monde.

J'aime beaucoup me référer aux alliés comme à une réserve de joueurs vedettes qui acceptent le défi actuel en tant que membres de l'équipe jusqu'à ce qu'il soit temps pour eux de se lever en solo, à leur tour. C'est ainsi que j'ai créé mes personnages en mode de **TRAVAIL PRÉPARATOIRE**. Chaque personnage a ou a eu la chance d'avoir sa propre histoire.

Vous comprenez maintenant comment je crée mes personnages et ce qu'il faut pour les faire interagir et évoluer. Pour vérifier si vous avez bien réussi la création de vos personnages, pensez à les mettre dans un tout autre scénario, dans un autre monde, à une autre époque.

Si cela fonctionne toujours, cela signifie que vos personnages sont prêts et mûrs pour l'aventure.

J'ai poussé ce concept à l'extrême, en créant plus de 500 personnages pour **LEGENDS OF DESTINY**. Jusqu'à présent, cela a assuré la richesse et la fluidité des volumes, les uns après les autres. On commence bientôt l'écriture du 3e volume et la fin de la première trilogie. Puisque nous savons que nous devrons écrire 9 livres au total, nous avons créé chaque personnage avec le potentiel d'en faire notre héros principal dans le prochain livre.

Combinez cela avec la structure narrative épisodique et vous avez maintenant une multitude de façons originales d'avancer et de renouveler votre histoire. Les événements cosmiques sont déjà fixés, la différence d'une histoire à l'autre est le point de vue que nous choisissons de prendre.

Cette combinaison est si efficace que nous lançons bientôt une autre franchise basée sur les mêmes piliers et principes : **PARADOXE**, qui est, pour le moins, une trilogie. En la matière, de nombreux personnages ont déjà été créés et testés dans différentes bandes-annonces.

PARADOXE est une vieille histoire que j'avais en tête depuis plus de 20 ans et que je n'ai encore jamais écrite. Au fil des années, j'ai développé la séquence des événements cosmiques qui s'y accumulent. Mais ce n'était pas suffisant pour que l'histoire fonctionne.

J'avais besoin de personnages vivants avec une portée émotionnelle pour vivre cette histoire à une échelle humaine; pas comme un documentaire historique, mais comme un drame.

Eh bien, combiner la multitude de personnages et la structure narrative épisodique a résolu tous mes blocages, ceux qui ont retenu la création de mon projet depuis les 2 dernières décennies.

Maintenant que j'ai écrit cela, je ramènerai sûrement certains des personnages créés pour **LEGENDS OF DESTINY** qui n'ont pas été inclus dans les 9 livres de **PARADOXE**. Je le ferai parce que je suis paresseux, mais aussi pour prouver un point.

J'ai étudié l'art de la narration pour la grande majorité de mon âge adulte. J'ai vu l'évolution, les recettes, les changements. C'est là où j'en suis maintenant, à écrire des romans et des histoires mis à jour avec les nouvelles tendances et les nouveaux médias.

Si vous avez besoin de maîtriser un seul concept pour raconter des histoires, maîtrisez le processus de création de vos personnages et respectez leur évolution tout au long de votre récit. Abstenez-vous de toujours jouer la main de Dieu dans votre histoire. C'est un moyen peu coûteux de réparer votre histoire et le résultat global en sera tout autant affecté.

Vous lisez William Bak, en bon fils voulant aider son père et le battre à son propre jeu, sur son propre terrain! Ceci est **COMMENT ÉCRIRE 2 LIVRES EN 10 JOURS** présenté par **MILLION DOLLAR MINDSET**.

Bienvenu(e)s aux ALPHAS.

La motivation est plus importante que l'inspiration quand il s'agit d'écrire des livres!
WILLIAM BAK

CHAPITRE 8
"LA MORT"
Par WILLIAM BAK

Vous avez fait 90 % du chemin ! Peut-être pas encore d'écrire un roman, mais d'apprendre à le faire. J'ai eu la chance d'avoir mon père qui m'a guidé tout au long du processus, me tenant presque la main quand j'ai commencé à l'âge de 8 ans. Eh bien, même avec son aide, j'aurais beaucoup aimé savoir ce que je sais aujourd'hui. Cela aurait rendu le processus beaucoup plus facile et beaucoup plus rapide!

Ce que je voulais dire, c'est que nous avons appris et évolué au cours des 4 dernières années. Nous avons appris de nos expériences, de nos erreurs, et surtout, nous avons appris à rester léger tout en écrivant de plus en plus. C'est ce qu'on vous a donné, nos meilleurs secrets, nos meilleurs trucs et aussi, les exemples de ce qu'il ne faut pas faire! Vous êtes libre de faire vos propres choix, sachez simplement ce que vous laissez sur la table!

Maintenant, il s'agit de FINIR. Comment écrire une belle fin. Ne vous y trompez pas, c'est la partie la plus importante de votre histoire. C'est en fait la pièce la plus importante: non pas quelle est la fin de votre histoire, mais plutôt quel sentiment votre public gardera de son voyage à travers vos mots et ce le sentiment qu'ils retiendront de vos personnages.

"Une belle fin doit être heureuse et triste à la fois."
William Bak

Permettez-moi de m'expliquer. Avant la grande fin heureuse, la mort et la tristesse viennent en premier. Si le bonheur est la fin de la conclusion, le début de la conclusion a commencé par une mort. Changez de conclusion pour ACTE 3 et vous parlez les mots de mon père.

Dans la plupart des légendes principales, notre héros ne se lève réellement qu'à la perte d'un être qui lui est très cher. Cette mort est le temps et d'une importance primordiale. Cela vient après l'introduction de ce personnage en tant que meilleur ami de tous les temps, le meilleur mentor de tous les temps, puis le destin qui l'enlève de l'échiquier.

Ce n'était pas le destin, c'était nous, en tant que la main de Dieu. Ce qui semble être un sacrifice est en réalité la meilleure technique de narration pour permettre à notre héros de s'élever et d'émerger comme le plus grand héros de tous les temps, jusqu'à la prochaine aventure...

Dans les légendes modernes, Ironman est mort en sauvant le monde mais il a d'abord inspiré l'ascension de héros comme Spiderman; tout comme Sean Connery dans les Incorruptibles, un film classique que mon père adore. À l'époque, j'étais triste et bouleversé et je demandais pourquoi la personne devait mourir. En grandissant et en maîtrisant l'art de la narration, je comprends maintenant que cela devait arrivé, c'était planifié dès le début de l'histoire.

Ce n'est qu'une fois que j'ai appris à maîtriser l'art de la mort et son impact que j'ai commencé à ajouter de la profondeur à ma narration. Mon père dit toujours que la clé d'une bonne écriture est le sentiment. Eh bien, quels sont les moyens les plus puissants de provoquer un sentiment à travers la narration? Amour, haine, frustration, désir, faim et la perte de quelque chose.

La raison pour laquelle le sentiment de perte est le plus exploité dans les légendes, c'est que la perte d'un héros l'immortalise en légende. En d'autres termes, votre héros n'était pas parfait, souvent très loin de là, mais son sacrifice final donne un sens à toute sa vie et compense les erreurs et les regrets du passé.

En fait, au moment de la mort de votre précieux allié, son passé ne fait plus qu'un avec votre héros principal. De cette tristesse, un sens du devoir et de patriotisme ramènera notre héros à son destin: de sauver le monde. C'est le cadre classique des légendes et c'est aussi le moyen le plus efficace de se connecter avec votre public à travers les sentiments.

Là-dessus, nous n'avons pas réinventé la roue, nous avons juste appris à maîtriser la technique, de la TRISTESSE intense à la RÉVÉLATION, au DEVOIR, et enfin, à la VICTOIRE. C'est essentiellement le crescendo de votre dernier ACTE, de la conclusion.

J'ai dit plus tôt que la mort de l'allié ou du mentor est le début de la conclusion. Eh bien, j'avais tort. En fait, c'est la fin de l'ACTE 2. A partir de là, les choses s'accélèrent en amplitude et en rythme. L'ACTE 3, la conclusion, est beaucoup plus rapide, tout est plus audacieux et plus lourd en conséquences.

Et à partir de l'ascension de notre héros principal, il ou elle inspire les autres héros à se lever et à rejoindre le combat final. C'est ce qui s'est passé dans THOR 2, LE MONDE DES TÉNÈBRES, lorsque la reine mère est décédée. Cela a poussé Thor à se rebeller et à enfreindre le règne de son père, le roi et Dieu Odin.

Ce faisant, la mort de la reine a rallié la plupart des héros autour de Thor pour désobéir et libérer l'ennemi de l'État, son frère Loki. D'ennemis et rivaux, la mort de leur mère les a réunis pour combattre leur ennemi juré, Malekith. Cette mort spécifique a conduit à la victoire finale de Thor sur le puissant Malekith, sauvant tous les royaumes menacées.

C'est la base de l'écriture dramaturgique classique. Je ne suis pas sûr de ce que cela signifie, mais en termes simples, c'est la manière classique d'écrire des légendes.

Dans **AU PAYS DES PAPAS**, qui est un conte de Noël, nous ne voulions tuer personne. Cela s'ajoute au fait que les personnages principaux sont littéralement mon père et moi-même. Eh bien, jusqu'au chapitre 3, nous n'avions pas de héros principal encore établi. Il a fallu que mon père soit kidnappé dans le 4e chapitre pour que William, le personnage, puisse enfin émerger comme le personnage principal de l'histoire.

Dans **LEGENDS OF DESTINY**, nous n'avions pas le pouvoir de tuer un héros. Leur destin était lié à ce qui ce passait dans l'arène d'un jeux vidéo alors qu'on les incarnait. Ainsi donc, nous n'avons pas pu employer le pouvoir ni l'impact de la MORT de L'ALLIÉ PARFAIT.

Nous avons dû improviser et donner un sens à la mort de nos personnages (non prévue), même si cela a compliqué de beaucoup la suite de notre histoire. D'ordinaire, vous ne tuez pas un personnage principal dans la narration, à moins qu'il ne soit censé mourir pour permettre à votre héros de s'élever.

Eh bien, dans notre façon d'écrire, c'est quelque chose que nous avons sacrifié pour la profondeur organique de nos histoires. Jusqu'à l'écriture de ces mots précis, je n'étais pas entièrement conscient de ce que j'avais laissé sur la table et pourtant, j'ai l'expérience d'avoir écrit plusieurs livres.

Je suppose que ce que j'essaie de dire, c'est que la mort d'un personnage peut avoir un impact significatif sur votre histoire. Ne tuez pas vos personnages parce que vous avez besoin d'un héros, mais s'il arrive que l'un meure, assurez-vous de lui donner un sens. Ça couvre la tristesse.

C'est pour la partie de tristesse. Maintenant, qu'en est-il de la fête ? La célébration en elle-même est en fait une petite scène à la fin de votre histoire. La véritable célébration est en fait le processus d'ascension de votre personnage au statut de héros, alors qu'il bat définitivement le méchant et sauve le monde. Tout l'ACT 3 est une fête, c'est une ascension.

Maintenant, qu'en est-il de la joie? La célébration en elle-même est en fait une petite scène à la fin de votre histoire. La véritable célébration est en fait le processus d'ascension de votre personnage au statut de héros, alors qu'il bat définitivement le méchant et sauve le monde. Tout l'ACTE 3 est une célébration, c'est une ascension.

Dans le premier Star Wars, l'original réalisé par George Lucas en 1977, le scénario respectait la majeure partie de la structure classique, de Luke Skywalker étant orphelin, ne connaissant pas son père ou sa mère et rencontrant un vieux chevalier qui deviendra son mentor. Bien sûr, avant la fin du film, le mentor meurt, donnant à Luke le petit coup de pouce dont il avait besoin pour suivre la FORCE.

Eh bien, c'était super, mais à la fin du film, lui et son allié, Han Solo, ont reçu une médaille, pas la fille ! C'était toujours bien, mais au fur et à mesure que les films suivants se déroulaient, le public était déchiré entre qui était le héros principal, était-ce Luke ou Han ?

Le scénariste et réalisateur, George Lucas, a toujours voulu que Luke soit le personnage principal, mais depuis que Han a la fille, cela gâche l'histoire, du moins pour moi. Donnez au héros sa récompense !

Dans COMMENT ENTRAINER VOTRE DRAGON, notre héros qui a commencé avec le statut d'un perdant, a pris 3 films entiers avant de déclarer son amour à la fille de ses rêves. Je ne sais pas pour vous, mais pour moi, c'était très ennuyeux! J'aime toujours les films mais je n'aime pas attendre 3 films avant de donner à mon héros ce qu'il mérite.

S'il y a bien une règle à ne pas déroger selon moi, c'est de récompenser votre héros à la fin de la quête. C'est la fermeture et cela ne laissera pas votre public frustré et ennuyé.

Et juste avant la clôture de votre histoire, vous pouvez toujours ajouter une nouvelle intrigue. Marvel adore les faire après le générique du film. Du temps de mon père, Alexandre Dumas maîtrisait super bien cette technique! Alors que vous terminez le voyage héroïque et que vous donniez enfin à votre héros un peu de joie et de paix, eh bien, laissez tomber une nouvelle bombe, une qui lancera votre héros dans un nouveau voyage!

C'est ce que je sais sur la conclusion, c'est ce que j'ai appris en écrivant des livres avec mon père. C'est aussi ma conclusion pour ce livre, un livre que j'ai écrit en moins de 5 jours. Mon père devra me rattraper sur ce livre-ci. Cela dit, la moitié de la promesse du titre de ce livre est déjà atteinte. Il me reste encore 5 jours complets pour le traduire en français, ce qui fera 2 livres en 10 jours!

Je vais prendre le reste de la journée pour sauter dans la piscine (il fait si chaud dehors) et pour fêter ma victoire. J'ai 12 ans, je suis encore trop jeune pour avoir la fille, mais j'aurai mon nouveau transformeur, merci beaucoup!

Vous lisez William Bak, en bon fils voulant aider son père et le battre à son propre jeu, sur son propre terrain! Ceci est **COMMENT ÉCRIRE 2 LIVRES EN 10 JOURS** présenté par **MILLION DOLLAR MINDSET**.

Bienvenu(e)s aux ALPHAS.

La motivation est plus importante que l'inspiration quand il s'agit d'écrire des livres!
WILLIAM BAK

CONCLUSION
"LA MOTIVATION EST UN SUPER POUVOIR ET L'INSPIRATION AUSSI"
Par Dr. BAK NGUYEN

Je suis tellement ému que nous soyons à la conclusion de ce parcours. Je suis ému pour plusieurs raisons. Tout d'abord, en très peu de temps, William et moi, nous vous avons transféré la plupart de notre art et de notre science sur comment écrire de la fiction et d'en faire des livres.

Bien sûr, il vous faudra plus de 10 jours pour écrire votre premier roman de fiction, et sûrement bien plus si vous souhaitez en écrire 2! Mais, cela vous est maintenant possible!

Eh bien, pour m'aider à atteindre mon prochain record du monde, William s'est lancé tête première dans l'écriture de ce livre. Nous entamons aujourd'hui le 5ème jour d'écriture alors que j'en écris la conclusion. William a perdu une journée à traduire ses 2 premiers chapitres avant que j'aie eu la chance de les reviser et de les réécrire. Il va devoir reprendre ce travail, malheureusement.

Pour sa défense, c'est moi qui lui avait dit de le faire, il avait déjà terminé 2 chapitres alors que j'étais occupé avec des patients en clinique. N'ayant pas la chance de le rattraper, je lui ai dit de traduire ces chapîtres. Je prends le blâme pour ce gâchi. Et pourtant, nous sommes maintenant à temps pour écrire 2 livres en 10 jours, ayant 5 jours pour traduire celui-ci en français.

Sur ce, je dois exprimer ma gratitude à mon fils et partenaire, William Bak. Cette fois, c'est lui qui me porte sur ses épaules! Alors que je suis épuisé et perdu dans la multitude de mes projets en cours, il m'a tendu la main et m'a redonné espoir et motivation. Ce qui a commencé comme une blague est devenu notre projet le plus ambitieux, en tant que co-auteurs.

Oui, le facteur temps est un grand défi. Mais le véritable défi était le contenu de ce livre. Vous voyez, nous avons commencé avec l'idée de prouver un point, d'écrire 2 livres en 10 jours (une première pour William)! Puis, dès que l'écriture a commencé, c'est devenu beaucoup plus que ça.

On a ouvert les portes de nos cerveaux pour partager avec vous, la richesse de notre imaginaire et comment on la structure pour en faire des livres passionnant. On vous a transmis notre art d'écrire de la fiction.

Si j'avais eu la chance de lire ce livre alors que j'étais plus jeune, je n'aurais jamais choisi la dentisterie plutôt qu'Hollywood. Ce livre est tout simplement incroyable! Je sais, c'est bizarre de complimenter son propre travail, mais vraiment! J'ai appris en écrivant ce livre! Il y avait tant de choses que je ne savais pas que je savais.

Ce qui m'a vraiment surpris, c'est de voir à quel point William a retenu les leçons cachées dans nos jeux et nos histoires. William est passé d'un enfant recherchant l'attention de son père à un jeune homme plein de créativité et de potentiel. J'ai appris à respecter mon co-auteur.

Et quand je dis que j'ai appris, vous aussi, avez appris à découvrir le talent de William et l'écrivain qu'il est devenu. Parce que je devais décomposer le processus d'écriture en étapes qu'un jeune de 12 ans comprendrait, j'ai coupé et sauté tout le blabla habituel pour n'en garder que l'essentiel. Pour garder l'attention d'un jeune de 12 ans, j'ai trouvé des moyens de transformer en jeu le processus créatif. Nous avons créé de vrais liens, non seulement entre nous, mais aussi avec nos personnages !

D'une certaine manière, nous sommes tous les deux des enfants, William et moi. Nous avons tous les deux une capacité de concentration très courte. Nous n'avons pas cherché à le cacher, nous l'avons embrassée! C'est ainsi que nous avons embrassé et poussé plus loin l'écriture avec la structure narrative épisodique. C'est ainsi que nous avons embrassé la multitude de personnages au lieu de la manière classique.

Nous aimons jouer avec nos personnages, mais nous ne jouons pas à Dieu. Ce ne sont pas des connaissances que vous retrouverez normalement dans les livres, les cours ou les séminaires d'écriture.

Nous vous avons donné ce qui fonctionne pour nous, avec l'appui de notre expérience en tant qu'auteurs. Si vous êtes inspiré et que vous aimez jouer, si vous passez du temps à développer vos personnages et vos univers, et si vous appliquez les principes partagés dans ce livre, vous pourrez écrire votre roman en 10 jours (8 chapitres, 1 prologue et 1 épilogue)! Si vous écrivez un chapitre par jour, cela vous amènera à 10 jours!

Mais pour ce faire, vous devez d'abord PRÉPARER le terrain, tout comme un grand chef prépare sa station et ses ingrédients bruts avant de pouvoir opérer la magie de la création de chefs-d'œuvre. Tout comme eux, il n'y a aucune chance de réussir un chef-d'œuvre ou même de terminer un repas sans un **TRAVAIL PRÉPARATOIRE** de qualité.

Pour simplifier votre apprentissage, pensez à votre roman comme un repas de 10 services. Chaque service doit être autonome, mais doit mener au suivant. L'ensemble du service a un thème et votre créativité consiste à proposer des variations sur ce thème à travers 10 plats différentes. Excusez-moi, je voulais dire 10 chefs-d'œuvre différents.

Leurs ingrédients sont des aliments de qualité, des viandes aux légumes, du lait à la farine, des épices à l'eau. Eh bien, vous en tant que Masterchef, avez vos personnages qui viennent de toutes les saveurs et des 4 coins du monde.

Ce qui est unique, c'est la façon dont les ingrédients interagissent les uns avec les autres. C'est une recette. Pour en faire un chef-d'œuvre, la somme de toutes les saveurs devra être élevée au prochain niveau par un résultat dépassant toute attente. Il s'agit de magie, de synergie, de génie! L'interaction en est la clé!

Eh bien, c'est ce que vous faites en écrivant un roman, en préparant un repas de 10 services. Quelle sont vos entrées, vos plats principaux, vos desserts et vos entre-deux pour nettoyer le palais entre les explosions de saveurs?

Avec cette analogie en tête, pensez à votre roman la prochaine fois que vous mangerez et vous commencerez à construire! La prochaine fois que vous ferez vos courses, cherchez le héros de votre repas.

Dans l'émission Ironchef, ils l'appellent l'ingrédient secret! Avant d'écrire vos premières lignes, soyez ludique et essayez de faire fonctionner votre histoire à partir d'un, **et si**, quelque chose de ridicule, quelque chose qui ne marcherait jamais.

Avant d'écrire vos premières lignes, soyez ludique et essayez de faire fonctionner votre histoire à partir d'un, et si, quelque chose de ridicule, quelque chose qui ne marcherait jamais.

Tout le monde s'attend à ce qu'un filet mignon soit le héros de votre assiette. Que diriez-vous d'essayer avec un poivron vert à sa place? Que diriez-vous de construire un plat tellement original et plein de saveurs que le filet mignon était la promesse sur la table et lorsque les gens arrivent enfin au filet mignon, ils en redemandent du poivre vert?

> "Gamifiez le banal pour trouver une abondance d'inspiration."
> Dr. Bak Nguyen

Amusez-vous pendant que vous êtes occupé à vivre votre vie. Gamifiez le banal et vous trouverez davantage d'inspiration, plus que vous ne pouvez imaginer. Et cela est pratiquement sans effort! Touchez, sentez, goûtez vos ingrédients et jouez avec eux. Vous êtes un chef.

C'est un jeu. Eh bien, beaucoup plus tôt que vous ne le pensez, vous aurez créé vos personnages et vous leur aurez donné vie, une personnalité et des traits uniques. Ensuite, il vous suffit de leur trouver des noms.

À ce sujet, les noms sont souvent la dernière étape à laquelle je m'attarde lorsque je crée des personnages. Je ne sais pas pour vous, mais j'ai souvent du mal avec les noms, en particulier les noms exotiques. Eh bien, savez-vous combien d'outils il existe pour vous permettre de trouver les noms de vos personnages sans effort?

Il existe des dictionnaires de noms accompagnés avec la signification et l'historique de chaque nom. Ma méthode préférée est d'aller sur le Web et de rechercher un moteur de création de noms.

Certains de mes personnages ont des noms que je ne peux même pas prononcer moi-même. J'adore ce concept, car il m'empêche de prendre possession de mes personnages et de jouer à Dieu avec eux.

> "La motivation est un superpouvoir,
> l'inspiration aussi."
> Dr. Bak Nguyen

Les 2 thèmes de ce livre étaient la MOTIVATION et l'INSPIRATION. Eh bien, je viens de vous montrer le chemin de l'inspiration infinie. Maintenant, qu'en est-il de la motivation ? D'après mon expérience, la motivation vient avec l'ambition, de la vitesse et du plaisir.

Plus je suis inspiré, plus j'ai envie de faire ce que j'ai en tête. Mais ce n'est souvent pas suffisant pour atteindre la lune. Alors, tout comme un barrage, je puise mon inspiration dans les petites victoires du banal comme jouer avec ma nourriture.

En mode **PRÉPARATOIRE**, j'accumule de plus en plus d'inspiration jusqu'à vouloir exploser. C'est ainsi que William et moi avons écrit des livres à un rythme de record mondial. Le rythme n'a pas commencé avec le premier mot écrit, mais bien avant, alors que nous dormions sur cette tempête.

En suivant cette recette, nous avons écrit plus d'un livre en 10 jours. Pour écrire 2, eh bien, les traduire était à peu près la seule façon que nous connaissions. Et nous l'avons fait plus d'une fois!

Mais est-ce suffisant comme motivation ? Eh bien, avoir des objectifs et devoir y répondre est certainement une grande motivation. Dans **COMMENT ÉCRIRE UN LIVRE EN 30 JOURS**, j'ai partagé avec vous mon utilisation des médias sociaux et comment je les exploite pour me tenir responsable de mes mots, pour rester concentré; en d'autres termes, pour rester motivé.

Alors continuez, dès que vous êtes prêt à exploser et à libérer l'énergie que vous avez accumulée, allez en ligne et annoncez au monde votre intention et votre échéancier! Vous serez surpris de voir à quel point cela vous gardera agile et vous gardera motivé!

Ceci est essentiellement la colonne vertébrale de ma discipline au cours des 5 dernières années en tant qu'écrivain. Au fil du temps, les médias sociaux ont perdu une partie de leur impact sur moi. Aujourd'hui, ce n'est plus qu'une question d'honneur: quand vais-je abandonner mes records du monde, et quand ma série de victoires s'épuisera-t-elle? Serais-je celui qui a abandonné avant la fin?

Chaque fois que je pose cette question à voix haute, la motivation de prouver que je suis meilleur que ça, que je suis plus fort, me propulse sur un nouveau parcours-explosif ! Ensuite, plus je vais vite, plus je peux en prendre.

"Avec rapidité et abondance,
la créativité se transforme en un élan."
Dr. Bak Nguyen

Et le fun dans tout ça? Eh bien, tout le processus était basé sur le plaisir: jouer avec ma nourriture, jouer avec les personnages et jouer avec les, et si. La chance que nous avons, William et moi, c'est que nous avons l'un, l'autre. Parce que c'est amusant, nous revenons jour après jour pour en faire toujours plus.

C'est comme ça que notre histoire a commencé, il y a 4 ans et demi, alors que William cherchait à passer plus de temps avec moi, depuis, il ne veut plus quitter ce jeu qu'on a commencé.

> "La motivation vient avec l'ambition,
> la vitesse et le plaisir."
> Dr. Bak Nguyen

Vous avez maintenant notre pouvoir, vous avez nos secrets. Trouvez votre inspiration en jouant, permettez-vous de vous amuser comme des enfants. Faites-le et osez le partager avec quelqu'un. La plupart se moqueront de vous, mais vous en trouverez qui riront avec vous. Ils sont vos partenaires! Chérissez-les!

L'écriture n'est qu'un médium, celui de traduire et de véhiculer vos idées et vos émotions. Alors encore une fois, commencez par vous amuser! Avec le plaisir, continuez à accumuler l'énergie jusqu'au point où il ne vous est plus possible de vous contenir. C'est votre signal pour commencer à écrire. C'est la première partie de votre parcours d'écrivain.

Après cela, il s'agit de structure et de motivation, ce que vous possédez maintenant après notre parcours ensemble. Vous avez les modèles et les règles pour créer vos mondes et vos légendes. Qu'attendez-vous? Allez vous amusez. Partagez et éclatez-vous!

Vous lisez William Bak, en bon fils voulant aider son père et le battre à son propre jeu, sur son propre terrain! Ceci est **COMMENT ÉCRIRE 2 LIVRES EN 10 JOURS** présenté par **MILLION DOLLAR MINDSET**.

Bienvenu(e)s aux ALPHAS.

La motivation est plus importante que l'inspiration quand il s'agit d'écrire des livres!
WILLIAM BAK

ANNEXE
GLOSSAIRE DE LA BIBLIOTHÈQUE DU Dr. BAK

INDEX

1

1SELF -080

REINVENT YOURSELF FROM ANY CRISIS
BY Dr. BAK NGUYEN

1SELF is about reinventing yourself to rise from any crisis. Written in the midst of the COVID war, now more than ever, we need hope and the know-how to bridge the future. More than just the journey of Dr. Bak, this time, Dr. Bak is sharing his journey with mentors and people who built part of the world as we know it. Interviewed in this book, CHRISTIAN TRUDEAU, former CEO and FOUNDER of BCE EMERGIS (BELL CANADA), he also digitalized the Montreal Stock Exchange. RON KLEIN, American Innovator, inventor of the magnetic stripe of the credit card, of MLS (Multi-listing services) and the man who digitalized WALL STREET bonds markets. ANDRE CHATELAIN, former first vice-president of the MOVEMENT DESJARDINS. Dr. JEAN DE SERRES, former CEO of HEMA QUEBEC. These men created billions in values and have changed our lives, even without us knowing. They all come together to share their experiences and knowledge to empower each and everyone to emerge stronger from this crisis, from any crisis.

AFTERMATH -063
BUSINESS AFTER THE GREAT PAUSE
BY Dr. BAK NGUYEN & Dr. ERIC LACOSTE

In AFTERMATH, Dr. Bak joins forces with Community leader and philanthrope Dr. Eric Lacoste. Two powerful minds and forces of nature in the reaction to the worst economic meltdown in modern times. We are all victims of the CORONA virus. Both just like humans have learnt to adapt to survive, so is our economy. Most business structures and management philosophies are inherited from the age of industrialization and beyond. COVID-19 has shot down the world economy for months. At the time of the AFTERMATH, the truth is many corporations and organizations will either have to upgrade to the INFORMATION AGE or disappear. More than the INFORMATION upgrade, the era of SOCIAL MEDIA and the MILLENNIALS are driving a revolution in the core philosophy of all organizations. Profit is not king anymore, support is. In this time and age where a teenager with a social account can compete with the million dollars PR firm, social implication is now the new cornerstone. Those who will adapt will prevail and prosper, while the resistance and old guards will soon be forgotten as fossils of a past era.

ALPHA DENTISTRY vol. 1 -104
DIGITAL ORTHODONTIC FAQ
BY Dr. BAK NGUYEN

In ALPHA DENTISTRY, DIGITAL ORTHODONTICS FAQ, Dr. Bak is looking to democratize the science of dentistry, starting with orthodontics. In a word, he is sharing everything a patient needs to know on the matter in FAQ form. In order to make the knowledge complete and universal, Dr. Bak has invited Alpha Dentists from all around the world to join in and answer the same question. With Alpha Dentists from America and Europe, ALPHA DENTISTRY is the first effort to create a universal knowledge in the field of dentistry, starting with orthodontics. ALPHA DENTISTRY, DIGITAL ORTHODONTICS FAQ is in response to the COVID crisis, the shortage of staff crisis, and the effort to unify dentistry to the Information Age, as discussed in RELEVANCY and COVIDCONOMICS, THE DENTAL INDUSTRY.

ALPHA DENTISTRY vol. 1 -109
DIGITAL ORTHODONTIC FAQ ASSEMBLED EDITION
🇺🇸 USA 🇪🇸 SPAIN 🇩🇪 GERMANY 🇮🇳 INDIA 🇨🇦 CANADA
BY Dr. BAK NGUYEN, Dr. PAUL OUELLETTE, Dr. PAUL DOMINIQUE, Dr. MARIA KUNSTADTER, Dr. EDWARD J. ZUCKERBERG, Dr. MASHA KHAGHANI, Dr. SUJATA BASAWARAJ, Dr. ALVA AURORA, Dr. JUDITH BÄUMLER, and Dr. ASHISH GUPTA

In ALPHA DENTISTRY, DIGITAL ORTHODONTICS FAQ, Dr. Bak is democratizing the science of dentistry, starting with orthodontics. In a word, he is sharing everything a patient needs to know on the matter in FAQ form, simple words you'll understand.10 International Alpha Doctors, from USA, Spain, Germany, India, and Canada are joining forces to make the knowledge complete and universal. ALPHA DENTISTRY is the first effort to create a universal knowledge in the field of dentistry, this is the orthodontics volume. This is the most ambitious book project in the History of Dentistry. ALPHA DENTISTRY is in response to the COVID crisis, the shortage of staff crisis, and the effort to unify dentistry to the Information Age, as discussed in RELEVANCY and COVIDCONOMICS, THE DENTAL INDUSTRY.

ALPHA DENTISTRY vol. 1 -113
DIGITAL ORTHODONTIC FAQ INTERNATIONAL EDITION
🇺🇸 ENGLISH 🇪🇸 SPANISH 🇩🇪 GERMAN 🇮🇳 HINDI 🇨🇦 FRANÇAIS
BY Dr. BAK NGUYEN, Dr. PAUL OUELLETTE, Dr. PAUL DOMINIQUE, Dr. MARIA KUNSTADTER, Dr. EDWARD J. ZUCKERBERG, Dr. MASHA KHAGHANI, Dr. SUJATA BASAWARAJ, Dr. ALVA AURORA, Dr. JUDITH BÄUMLER, and Dr. ASHISH GUPTA

In ALPHA DENTISTRY, DIGITAL ORTHODONTICS FAQ, Dr. Bak is democratizing the science of dentistry, starting with orthodontics. In a word, he is sharing everything a patient needs to know on the matter in FAQ form, simple words you'll understand.10 International Alpha Doctors, from USA, Spain, Germany, India, and Canada are joining forces to make the knowledge complete and universal. ALPHA DENTISTRY is the first effort to create a universal knowledge in the field of dentistry, this is the orthodontics volume. This is the most ambitious book project in the History of Dentistry. ALPHA DENTISTRY is in response to the COVID crisis, the shortage of staff crisis, and the effort to unify dentistry to the Information Age, as discussed in RELEVANCY and COVIDCONOMICS, THE DENTAL INDUSTRY.

ALPHA LADDERS -075
CAPTAIN OF YOUR DESTINY
BY Dr. BAK NGUYEN & JONAS DIOP

In ALPHA LADDERS, Dr. Bak is sharing his private conversation and board meetings with 2 of his trusted lieutenants, strategist Jonas Diop and international Counsellor, Brenda Garcia. As both Dr. Bak and ALPHA brands are gaining in popularity and traction, it was time to get the movement to the next level. Now, it's about building a community and helping everyone willing to become ALPHAS to find their powers. Dr. Bak is a natural recruiter of ALPHAS and peers. He also spent the last 20 years plus, training and mentoring proteges. Now comes the time to empower more and more proteges to become ALPHAS. ALPHAS LADDERS is the journey of how Dr. Bak went from a product of Conformity to rise into a force of Nature, known as a kind tornado. In ALPHA LADDERS Jonas pushed Dr. Bak to retrace each of the steps of his awakening, steps that we can break down and reproduce for ourselves. The goal is to empower each willing individual to become the ultimate Captain of his or her destiny, and to do it, again and again. Welcome to the Alphas.

ALPHA LADDERS 2 -081
SHAPING LEADERS AND ACHIEVERS
BY Dr. BAK NGUYEN & BRENDA GARCIA

In ALPHA LADDERS 2, Dr. Bak is sharing the second part of his private conversation and board meetings with his trusted lieutenants. This time it is with international Counsellor, Brenda Garcia that the dialogue is taking place. In this second tome, the journey is taken to the next level. If the first tome was about the WHYs and the HOWs at an individual level, this tome is about the WHYs and the HOWs at the societal level. Through the lens of her background in international relations and diplomacy, Brenda now has the mission to help Dr. Bak establish structures, not only for his emerging organization and legacy, THE ALPHAS, but to also inspire all the other leaders and structures of our society. To do this, Brenda is taking Dr. Bak on an anthropological, sociological and philosophical journey to revisit different historical key moments in various fields and eras, going as far back as ancient Greece at the dawn of democracy, all the way to the golden era of modern multilateralism embodied by the UN structure. Learning from the legacies of prominent figures going from Plato to Ban Ki-Moon, Martin Luther King or Nelson Mandela, to Machiavelli, Marx and Simone de Beauvoir, Brenda and Dr. Bak are attempting to grasp the essence of structure and hierarchy, their goal being to empower each willing individual to become the ultimate Captain of their success, to climb up the ladders no matter how high it is, and to build their legacy one step at a time.

ALPHA MASTERMIND vol. 1 -116
THE SUPERHERO'S SYNDROME
BY Dr. BAK NGUYEN

ALPHA MASTERMIND, THE SUPER HERO'S SYNDROME, is not a superhero book, but it is the tale of every leader, entrepreneur, and everyday hero facing their destiny and entourage. It uncovers how society sees our best elements and expects from them. It covers how family and friends feel and why they act as they do. But most importantly, it covers how Alphas can emerge unscathed from their growth to uncover their true powers and purpose. A veteran agent of change and difference maker, Dr. Bak is sharing his experience and secret of why and how surfing through family and society pressure without revolting and without kneeling. THE SUPERHERO'S SYNDROME is the first volume inspired by the MASTERMINDS sessions as Dr. Bak is mentoring Alpha apprentices. The superhero's syndrome came to the table as Alphas are struggling to fit in society, to keep their values and generosity while facing so much negativity all around. Welcome to the Alphas.

ALPHA MASTERMIND vol. 2 -117
SUPERCHARGING MOMENTUM
BY Dr. BAK NGUYEN

ALPHA MASTERMIND, SUPERCHARGING MOMENTUM, is what is discussed on the Alphas' Round Table. Entrepreneurs, Professional Athletes, Coaches, they are all rising from their passion and momentum. To start was the first ACT. It wasn't easy but they did. Now as a FOOTBALL star, what can be next, not to fall as a HAS BEEN? You wrote your first book, what is next? What comes next after 100 books? There are so many paths to finding your powers but there is only one that I know that will keep feeding them: MOMENTUM. If discovering your powers and purposes was a great journey, the sequel to that story is a much harder one to write, to walk, to thrive from. In every story, the hero needs to rise and to grow. How can one grow even more? SUPERCHARGING MOMENTUM is the 2nd volume inspired by the MASTERMINDS sessions as Dr. Bak is mentoring Alpha apprentices. Dr. Bak is not teaching, he is sharing what he faces and does to write his next life chapter, renewing and reinventing himself again and again. Welcome to the Alphas.

ALPHA MASTERMIND vol. 3 -118
RIDING DESTINY
BY Dr. BAK NGUYEN

In ALPHA MASTERMIND, RIDING DESTINY, Dr. Bak is taking you and his apprentices on the quest of rising. It will be for each to find their purpose and destiny, but the way leading there will be eased with Dr. Bak's guidance. To discover power was only the beginning, to yield power was a preparation journey, now it is about rendering power into a stream of ripple effect. "KNOW YOURSELF, KNOW THE OTHER, AND ONLY THEN, DEAL." - Dr. BAK. Well, the 2 first volumes were about knowing oneself, this one is about knowing the other and to start dealing. Once one finds power, it is barely the beginning of his or her quest. The process is not an easy one, going through separation, rejection, and denial. Then, there will be encounters of a new kind, those liberating instead of attaching. RIDING DESTINY, is the third volume inspired by the MASTERMINDS sessions as Dr. Bak is mentoring Alpha apprentices. This is about ROI on the energy invested and the one generated. Welcome to the Alphas.

AMONGST THE ALPHAS -058
BY Dr. BAK NGUYEN, with Dr. MARIA KUNSTADTER, Dr. PAUL OUELLETTE and Dr. JEREMY KRELL

In AMONGST THE ALPHAS, Dr. Bak opens the blueprint of the next level with the hope that everyone can be better, bigger, and wiser, but above all, a philosophy of Life that if, well applied, can bring inspiration to life. The Alphas rose in the midst of the COVID war as an International Collaboration to empower individuals to rise from the global crisis. Joining Dr. Bak are some of the world thinkers and achievers, the Alphas. Doctors, business people, thinkers, achievers, and influencers, are coming together to define what is an Alpha and his or her role, making the world a better place. This isn't the American dream, it is the human dream, one that can help you make History. Joining Dr. Bak are 3 Alpha authors, Dr. Maria Kunstadter, Dr. Paul Ouellette and Dr. Jeremy Krell. This book started with questions from coach Jonas Diop. Welcome to the Alphas.

AMONGST THE ALPHAS vol.2 -059
ON THE OTHER SIDE
BY Dr. BAK NGUYEN with Dr. JULIO REYNAFARJE, Dr. LINA DUSEVICIUTE and Dr. DUC-MINH LAM-DO

In AMONGST THE ALPHAS 2, Dr. Bak continues to explore the meaning of what it is to be an Alpha and how to act amongst Alphas, because as the saying taught us: alone one goes fast, together we go far. Some people see the problem. Some people look at the problem, some people created the problem. Some people leverage the problem into solutions and opportunities. Well, all of those people are Alphas. Networking and leveraging one another, their powers and reach are beyond measure. And one will keep the other in line too. Joining Dr. Bak are 3 Alphas from around the world coming together to share and collaborate, Dr. DUSEVICIUTE, Dr. LAM-DO and Dr. REYNAFARJE. This isn't the American dream, it is the human dream, one that can help you make History. Welcome to the Alphas.

AU PAYS DES PAPAS -106
BY Dr. BAK NGUYEN & WILLIAM BAK

On ne nait pas papa. On le devient. Dans sa quête d'être le meilleur papa possible pour William, Dr. Bak monte au pays des papas avec William à la recherche du papa parfait. Comme pour tout dans la vie, il doit exister une recette pour faire des papas parfaits. AU PAYS DES PAPAS est le récit des souvenirs des papas que Dr. Bak a croisé avant, alors et après qu'il soit devenu papa lui aussi. Une histoire drôle et innocente pour un Noël magique, ceci est la nouvelle aventure de William et de son papa, le Dr. Bak. Entre les livres de poulet, LEGENDS OF DESTINY et les des livres parentaux de Dr. Bak, AU PAYS DES PAPAS nous amène dans le monde magique de ces êtres magiques qui forgent des rêves, des vies et des destins.

AU PAYS DES PAPAS 2 -108
BY Dr. BAK NGUYEN & WILLIAM BAK

On ne nait pas papa, ça on le sait après le premier voyage AU PAYS DES PAPAS. Suite à leur première expédition, Dr. Bak et William ont compris qu'il n'y a pas de papas parfaits ni de recette pour faire des papas parfaits. Pourtant, les papas parfaits existent! Dans ce 2e récit AU PAYS DES PAPAS, William revient avec son papa, Dr. Bak, mais cette fois, c'est William qui dirige l'expédition. Même s'il n'existe pas de recette pour faire des papas parfaits, il doit toutefois exister des façons de rendre son papa meilleur, version 2.0! C'est la nouvelle quête de William et du Dr. Bak, à la recherche de la mise-à-jour parfaite pour le meilleur papa 2.0 possible! William est déterminé à tout pour trouver la recette cette fois-ci! AU PAYS DES PAPAS 2 est le nouveau récit des aventures père-fils du Dr. Bak et de William Bak, après AU PAYS DES PAPAS 1, les livres de poulets, LEGENDS OF DESTINY et les BOOKS OF LEGENDS.

B

BOOTCAMP -071
BOOKS TO REWRITE MINDSETS INTO WINNING STATES OF MIND
BY Dr. BAK NGUYEN

In BOOTCAMP 8 BOOKS TO REWRITE MINDSETS INTO WINNING STATES OF MIND, Dr. Bak is taking you into his past, before the visionary entrepreneur, before the world records, before the Industry's disruptor status. Here are 8 of the books that changed Dr. Bak's thinking and, therefore, reset his evolution into the course we now know him for. BOOTCAMP: 8 BOOKS TO REWRITE MINDSETS INTO WINNING STATES OF MIND, is a Bootcamp of 8 weeks for anyone looking to experience Dr. Bak's training to become THE Dr. BAK you came to know and love. This book will summarize how each title changed Dr. Bak's mindset into a state of mind and how he applied that to rewrite his destiny. 8 books to read, that's 8 weeks of Bootcamp to access the power of your MIND and your WILL. Are you ready for a change?

BRANDING -044
BALANCING STRATEGY AND EMOTIONS
BY Dr. BAK NGUYEN

BRANDING is communication to its most powerful state. Branding is not just about communicating anymore but about making a promise, about establishing a relationship, and about generating an emotion. More than once, Dr. Bak proved himself to be a master, communicating and branding his ideas into flags attracting interest and influence, nationally and internationally. In BRANDING, Dr. Bak shares a very unique and personal journey, branding Dr. Bak. How does he go from Dr. Nguyen, a loved and respected dentist to becoming Dr. Bak, a world anchor hosting THE ALPHAS in the medical and financial world? More than a personal journey, BRANDING helps to break down the steps to elevate someone with nothing else but the force of his or her spirit. Welcome to the Alphas.

CHANGING THE WORLD FROM A DENTAL CHAIR -007
BY Dr. BAK NGUYEN

Since he has received the EY's nomination for entrepreneur of the year for his startup Mdex & Co, Dr. Bak Nguyen has pushed the opportunity to the next level. Speaker, author, and businessman, Dr. Bak is a true entrepreneur and industries' disruptor. To compensate for the startup's status of Mdex & Co, he challenged himself to write a book based on the EY's questionnaire to share an in-depth vision of his company. With "Changing the World from a dental chair" Dr. Bak is sharing his thought process and philosophy to his approach to the industry. Not looking to revolutionize but rather to empower, he became, despite himself, an industries disruptor: an entrepreneur who has established a new benchmark. Dr. Bak Nguyen is a cosmetic dentist and visionary businessman who won the GRAND HOMAGE prize of "LYS de la Diversité" 2016, for his contribution as a citizen and entrepreneur in the community. He also holds recognitions from the Canadian Parliament and the Canadian Senate. In 2003, he founded Mdex, a dental company upon which in 2018, he launched the most ambitious private endeavour to reform the dental industry, Canada-wide. He wrote seven books covering ENTREPRENEURSHIP, LEADERSHIP, QUEST of IDENTITY, and now, PROFESSION HEALTH. Philosopher, he has close to his heart the quest of happiness of the people surrounding him, patients, and colleagues alike. Those projects have allowed Dr. Nguyen to attract interest from the international and diplomatic community and he is now the centre of a global discussion on the wellbeing and the future of the health profession. It is in that matter that he shares with you his thoughts and encourages the health community to share their own stories.

CHAMPION MINDSET -039
LEARNING TO WIN
BY Dr. BAK NGUYEN & CHRISTOPHE MULUMBA

CHAMPION MINDSET is the encounter of the business world and the professional sports world. Industries' Disruptor Dr. BAK NGUYEN shares his wisdom and views with the HAMMER, CFL Football Star, Edmonton's Eskimos CHRISTOPHE MULUMBA on how to leverage the champion mindset to create successful entrepreneurs. Writing and challenging each other, they discovered the parallels and the difference of both worlds, but mainly, the recipe for leveraging from one to succeed in the other, from champions and entrepreneurs to WINNERS. Build and score your millions, it is a matter of mindset! This is CHAMPION MINDSET.

COMMENT ÉCRIRE UN LIVRE EN 30 JOURS -102
PAR Dr. BAK NGUYEN

Dans COMMENT ÉCRIRE UN LIVRE EN 30 JOURS, après plus de 100 livres écrits en 4 ans, le Dr Bak revisite son premier succès, le livre dans lequel il a partagé son art et sa structure d'écriture de livres. Encore et encore, le Dr Bak a prouvé que non seulement le contenu est important, mais ce sont la structure et le processus qui rendent les livres. L'inspiration n'est que le début. Si vous envisagez d'écrire votre premier livre, ceci est votre chance. Si vous y pensez, faites-le, et aussi vite que possible. Écrire votre premier livre vous libérera de votre passé et vous ouvrira les portes de votre avenir! Tout le monde a une histoire qui mérite d'être partagée! Par où commencer, comment passer le MUR DE L'INSPIRATION, quelles sont les techniques pour apporter de la profondeur à votre histoire, comment structurer votre chapitre, combien de chapitres, comment avoir un livre, en un mois? Voilà les réponses que vous trouverez dans COMMENT ÉCRIRE UN LIVRE EN 30 JOURS. Vous trouverez un trésor de sagesse, un mentor et surtout, une confiance renouvelée pour écrire, que ce soit, votre premier, deuxième ou même 10e livre. Au fait, le Dr. Bak a écrit ce livre et l'a fait publier en 6 jours. Bienvenu(e)s aux Alphas.

COMMENT ÉCRIRE 2 LIVRES EN 10 JOURS -115
Par WILLIAM & Dr. BAK NGUYEN

Dans COMMENT ÉCRIRE 2 LIVRES EN 10 JOURS, William Bak s'attaque au succès de son père, COMMENT ÉCRIRE UN LIVRE EN 30 JOURS. Cette fois-ci, père et fils font équipe pour vous partager l'art d'écrire de la fiction. Comme le titre le mentionne, William doit écrire ce livre et le suivant en 10 jours. Pour ne pas vous induire en erreur, écrire votre premier livre de fiction prendra plus que 10 jours. Cependant, les procédés contenus dans ce livre vous aideront à accélérer votre production et à porter votre créativité à des niveaux inégalés. William a 12 ans et déjà, il a signé 36 livres dont la plupart sont de la fiction. En ce sens, il est un vétéran auteur, un qui a connu les hauts et les bas du manque d'inspiration. Au côté de William, Dr. Bak se prête aussi au jeux de démolir son propre succès et le remplacer par une nouvelle marque. Père et fils, ils vous partagent leurs secrets et expérience à écrire un duo-choque depuis les derniers 4 ans. COMMENT ÉCRIRE 2 LIVRES EN 10 JOURS a commencé par une farce qui est rapidement devenu leur plus grand défi à ce jour, d'écrire 2 livres en 10 jours. Bienvenu(e)s aux Alphas.

COVIDCONOMIE -111
CONTRER L'INFLATION SANS TOUCHER LES TAUX D'INTÉRÊT
PAR Dr. BAK NGUYEN, ANDRÉ CHÂTEALAIN, TRANIE VO, FRANÇOIS DUFOUR, WILLIAM BAK

COVIDCONOMIE est l'ensemble des observations, analyses des phénomènes démographiques et économiques secondaires à la pandémie de la COVID-19. CONTRER L'INFLATION SANS TOUCHER LES TAUX D'INTÉRÊT, est la réflexion et plan macro des ALPHAS pour le CANADA et les ÉTATS-UNIS D'AMÉRIQUE dans un premier temps et un modèle économique pour l'ensemble des pays d'Occident.Joint par des leaders en finance et en économie, dont André Châtelain, ancien premier vice-président du MOUVEMENT DESJARDINS, le Dr. Bak met la table à des discussions inclusives et constructives pouvant changer le cours de l'Histoire dans l'intérêt des citoyens au quotidien.CONTRER L'INFLATION SANS TOUCHER LES TAUX D'INTÉRÊT, est un mémoire collectif des ALPHAS pour lutter contre l'inflation post-pandémique et éviter une récession internationale globale.

COVIDCONOMICS -112
TAMING INFLATION WITHOUT INCREASING INTEREST RATES
BY Dr. BAK NGUYEN, ANDRÉ CHÂTEALAIN, TRANIE VO, FRANÇOIS DUFOUR, WILLIAM BAK

COVIDCONOMICS, are the reflections, analysis and discussion of the ALPHAS, hosted by Dr. Bak to understand the demographic et economical trends post-COVID-19. TAMING INFLATION WITHOUT INCREASING INTEREST RATES is a macro plan by the ALPHAS for Canada and the USA which can inspire a new economical model for all of the Western worlds. Joined by leaders in finance as André Châtelain, former 1st Vice-President of the MOUVEMENT DESJARDINS, Dr. Bak is hosting an inclusive discussion to save our economy in these very troubled times as the country is still looking to get back on its feet from the Pandemic while wars are raging on multiple fronts. TAMING INFLATION WITHOUT INCREASING INTEREST RATES is our proposal to save the economy and our recovery from a global recession.

EMPOWERMENT -069
BY Dr. BAK NGUYEN

In EMPOWERMENT, Dr. Bak's 69th book, writing a book every 8 days for 8 weeks in a row to write the next world record of writing 72 books/36 months, Dr. Bak is taking a rest, sharing his inner feelings, inspiration, and motivation. Much more than his dairy, EMPOWERMENT is the key to walking in his footsteps and comprehending the process of an overachiever. Dr. Bak's helped and inspired countless people to find their voice, to live their dream, and to be the better version of themselves. Why is he sharing as much and keep sharing? Why is he going that fast, always further and further, why and how is he keeping his inspiration and momentum? Those are all the answers EMPOWERMENT will deliver to you. This book might be one of the fastest Dr. Bak has written, not because of time constraints but from inspiration, pure inspiration to share and to grow. There is always a dark side to each power, two faces to a coin. Well, this is the less prominent facet of Dr. Bak's Momentum and success, the road to his MINDSET.

F

FORCES OF NATURE -015
FORGING THE CHARACTER OF WINNERS
BY Dr. BAK NGUYEN

In FORCES OF NATURE, Dr. Bak is giving his all. This is his 15 books written within 15 months. It is the end of a marathon to set the next world record. For the occasion, he wanted to end with a big bang! How about a book with all of his biggest challenges? In a Quest of Identity, a journey looking for his name and powers, Dr. Bak is borrowing myths and legends to make this journey universal. Yes, this is Dr. Bak's mythology. Demons, heroes and Gods, there are forces of Nature that we all meet on our way for our name. Some will scare us, some will fight us, and some will manipulate us. We can flee, we can hide, we can fight. What we do will define our next encounter and the one after. A tale of personal growth, a journey to find power and purpose, Dr. Bak is showing us the path to freedom, the Path of Life. Welcome to the Alphas.

H

HORIZON, BUILDING UP THE VISION -045
VOLUME ONE
BY Dr. BAK NGUYEN

Dr. Bak is opening up to your demand! Many of you are following Dr. Bak online and are asking to know more about his lifestyle. This is how he has chosen to respond: sharing his lifestyle as he travelled the world and what he learnt in each city to come to build his Mindset as a driver and a winner. Here are 10 destinations (over 69 that will be followed in the next volumes...) in which he shares his journey. New York, Quebec, Paris, Punta Cana, Monaco, Los Angeles, Nice, and Holguin, the journey happened over twenty years.

HORIZON, ON THE FOOTSTEP OF TITANS -048
VOLUME TWO
BY Dr. BAK NGUYEN

Dr. Bak is opening up to your demand! Many of you are following Dr. Bak online and are asking to know more about his lifestyle. This is how he has chosen to respond: sharing his lifestyle as he travelled the world and what he learnt in each city to come to build his Mindset as a driver and a winner. Here are 9 destinations (over 72 that will follow in the next volumes...) in which he shares his journey. Hong Kong, London, Rome, San Francisco, Anaheim, and more…, the journey happened over twenty years. Dr. Bak is sharing with you his feelings, impressions, and how they shaped his state of mind and character into Dr. Bak. From a dreamer to a driver and a builder, the journey started when he was 3. Wealth is a state of mind, and a state of mind is the basis of the drive. Find out about the mind of an Industry's disruptor.

HORIZON, DREAMING OF THE FUTURE -068
VOLUME THREE
BY Dr. BAK NGUYEN

Dr. Bak is back. From the midst of confinement, he remembers and writes about what life was, when travelling was a natural part of Life. It will come back. Now more than ever, we need to open both our hearts and minds to fight fear and intolerance. Writing from a time of crisis, he is sharing the magic and psychological effect of seeing the world and how it has shaped his mindset. Here are 9 other destinations (over 75) in which he shares his journey. Beijing, Key West, Madrid, Amsterdam, Marrakech and more…, the journey happened over twenty years.

HOW TO TO BOOST YOUR CREATIVITY TO NEW HEIGHTS -088
BY Dr. BAK NGUYEN

In HOW TO BOOST YOUR CREATIVITY TO NEW HEIGHTS, Dr. Bak is sharing his secrets of creativity and insane production pace with the world. Up to lately, Dr. Bak shared his secrets about speed and momentum but never has he opened up about where he gets his inspiration, time and time again. To celebrate his new world record of writing 100 books in 4 years, Dr. Bak is joined by his proteges strategist Jonas Diop, international counsellor Brenda Garcia and prodigy William Bak for the writing of his secrets on creativity. Brenda, Jonas and William all have witnessed Dr. Bak's creativity. This time, they will stand in to ask the right questions to unleash that creative power in ways for others to follow the trail. Part of the MILLION DOLLAR MINDSET series, HOW TO BOOST YOUR CREATIVITY TO NEW HEIGHTS is Dr. Bak's open book to one of his superpowers.

HOW TO NOT FAIL AS A DENTIST -047
BY Dr. BAK NGUYEN

In HOW TO NOT FAIL AS A DENTIST, Dr. Bak is given 20 plus years of experience and knowledge of what it is to be a dentist on the ground. PROFESSIONAL INTELLIGENCE, FINANCIAL INTELLIGENCE and MANAGEMENT INTELLIGENCE are the fields that any dentist will have to master for a chance to succeed and a shot at happiness, practicing dentistry. Where ever you are starting your career as a new graduate or a veteran in the field looking to reach the next level, this is book smart and street smart all into one. This is Million Dollar Mindset applied to dentistry. We won't be making a millionaire out of you from this book, we will be giving you a shot at happiness and success. The million will follow soon enough.

HOW TO WRITE A BOOK IN 30 DAYS -042
BY Dr. BAK NGUYEN

In HOW TO WRITE A BOOK IN 30 DAYS, after more than 100 books written in 4 years, Dr. Bak is revisiting his first hit, the book in which he shared his craft and structure of how to write books. After 100 books, Dr. Bak proved that not only content is important, but what will keep the words coming are the structure and the process. If you are looking into writing your first book, this is your chance. If you are thinking about it, do it, and as fast as possible. Writing your first book will set you free from your past and open the doors to your own future! Everyone has a story worth telling! Where to start, how to get by the INSPIRATIONAL WALL, what are the techniques to bring depth into your storytelling, how to structure your chapter, how many chapters, how to have a book, in a month? These are the answers you will find within HOW TO WRITE A BOOK IN 30 DAYS. You will find a wealth of wisdom from his experience writing your first, second or even 10th book. Dr. Bak is sharing his secrets writing books. By the way, he wrote this book and got it published within 6 days. Welcome to the Alphas.

HOW 2 WRITE 2 BOOKS IN 10 DAYS -114
BY WILLIAM & Dr. BAK NGUYEN

HOW 2 WRITE 2 BOOKS IN 10 DAYS, is William Bak takes on his father's hit, HOW TO WRITE A BOOK IN 30 DAYS. This time, William is covering the art of writing fiction. As mentioned in the title, William is writing this book and the next one within 10 days. Just not to mislead you, writing fiction will take longer, but once you have done all your prep work and research, it can be written as quickly. William is only 12 and already, he has signed 35 books. Most of his books are fiction, so on the matter, he is a veteran author, one with much experience of the ups and downs when it comes to writing books and getting them to the finish line Joining him is Dr. Bak who is sharing his secrets of writing fiction too. What does it take, how different it is from writing non-fictional books and what does it take to inspire and motivate his 12-year-old son to write as much, matching his world record pace? HOW 2 WRITE 2 BOOKS IN 10 DAYS is a joke between 2 world record authors teasing one another as they keep raising the bar higher and higher. Welcome to the Alphas.

HOW TO WRITE A SUCCESSFUL BUSINESS PLAN -049
BY Dr. BAK NGUYEN & ROUBA SAKR

In HOW TO WRITE A SUCCESSFUL BUSINESS PLAN, Dr. Bak is given 20 plus years of experience and knowledge of what it is to be an entrepreneur and more importantly, how to have the investors and banks on your side. Being an entrepreneur is surely not something you learn from school, but there are steps to master so you can communicate your views and vision. That's the only way you will have financing. Writing a business is only not a mandatory stop only for the bankers, but an essential step for every entrepreneur, to know the direction and what's coming next. A business plan is also not set in stone, if there is a truth in business is that nothing will go as planned. Writing down your business plan the first time will prepare you to adapt and overcome the challenges and surprises. For most entrepreneurs, a business is a passion. To most investors and all banks, a business is a system. Your business plan is the map to that system. However unique your ideas and business are, the mapping follows the same steps and pattern.

HUMILITY FOR SUCCESS -051
BALANCING STRATEGY AND EMOTIONS
BY Dr. BAK NGUYEN

HUMILITY FOR SUCCESS is exploring the emotional discomforts and challenges champions, and overachievers put themselves through. Success is never done overnight and on the way, just like the pain and the struggles aren't enough, we are dealing with the doubts, the haters, and those who like to tell us how to live our lives and what to do. At the same time, nothing of worth can be achieved alone. Every legend has a cast of characters, allies, mentors, companions, rivals, and foes. So one needs the key to social behaviour. HUMILITY FOR SUCCESS is exploring the matter and will help you sort out beliefs from values, and peers from friends. Humility is much more about how we see ourselves than how others see us. For any entrepreneur and champion, our daily is to set our mindset right, and to perfect our skills, not to fit in. There is a world where CONFIDENCE grows in synergy with HUMILITY. As you set the right label on the right belief, you will be able to grow and leave the lies and haters far behind. This is HUMILITY FOR SUCCESS.

HYBRID -011
THE MODERN QUEST OF IDENTITY
BY Dr. BAK NGUYEN

I

IDENTITY -004
THE ANTHOLOGY OF QUESTS
BY Dr. BAK NGUYEN

What if John Lennon was still alive and running for president today? What kind of campaign will he be running? IDENTIFY -THE ANTHOLOGY OF QUESTS is about the quest each of us has to undertake, sooner or later, THE QUEST OF IDENTITY. Citizens of the world, aim to be one, the one, one whole, one unity, made of many. That's the anthology of life! Start with your one, find your unity, and your legend will start. We are all small-minded people anyway! We need each other to be one! We need each other to be happy, so we, so you, so I, can be happy. This is the chorus of life. This is our song! Citizens of the world, I salute you! This is the first tome of the IDENTITY QUEST. FORCES OF NATURE (tome 2) will be following in SUMMER 2021. Also under development, Tome 3 - THE CONQUEROR WITHIN will start production soon.

INDUSTRIES DISRUPTORS -006
BY Dr. BAK NGUYEN

INDUSTRIES DISRUPTORS is a strange title, one that sparkles mixed feelings. A disruptor is someone making a difference, and since we, in general, do not like change, the label is mostly negative. But a disruptor is mostly someone who sees the same problem and challenge from another angle. The disruptor will tackle that angle and come up with something new from something existent. That's evolution! In INDUSTRIES DISRUPTORS, Dr. Bak is joining forces with James Stephan-Usypchuk to share with us what is going on in the minds and shoes of those entrepreneurs disrupting the old habits. Dr. Bak is changing the world from a dental chair, disrupting the dental, and now the book industry. James is a maverick in the Intelligence space, from marketing to Artificial Intelligence. Coming from very different backgrounds and industries, they end up telling very similar stories. If disruptors change the world, well, their story proves that disruptors can be made and forged. Here's the recipe. Here are their stories.

K

KRYPTO -040
TO SAVE THE WORLD
BY Dr. BAK NGUYEN & ILYAS BAKOUCH

L

L'ART DE TRANSFORMER DE LA SOUPE EN MAGIE -103
PAR Dr. BAK NGUYEN

Dans L'ART DE TRANSFORMER DE LA SOUPE EN MAGIE, Dr. Bak remonte aux sources pour connaître la source de son génie et la recette qui a été transféré à son fils, William Bak, auteur et record mondial dès l'âge de 8 ans. Docteur en médecine dentaire, entrepreneur, écrivain record mondial, musicien, Dr. Bak est d'abord et avant tout un fils qui a une maman qui croit en lui. L'ART DE TRANSFORMER DE LA SOUPE EN MAGIE est dédié à la recette du génie, celle qui pousse une mère a mijoté les ingrédients de l'espoir dans un bouillon d'amour, à y ajuster un zeste de bonheur et un brin d'ambition. Dans la lignée des livres parentaux de Dr. Bak, L'ART DE TRANSFORMER DE LA

SOUPE EN MAGIE est dédié à la première femme dans sa vie, celle qui a tracé son destin et celle qui l'a cultivée.

LEADERSHIP -003
PANDORA'S BOX
BY Dr. BAK NGUYEN

LEADERSHIP, PANDORA'S BOX is 21 presidential speeches for a better tomorrow for all of us. It aims to drive HOPE and motivation into each and every one of us. Together we can make the difference, we hold such power. Covering themes from LOYALTY to GENEROSITY, from FREEDOM and INTELLIGENCE to DOUBTS and DEATH, this is not the typical presidential or motivational speeches that we are used to. LEADERSHIP PANDORA'S BOX will surf your emotions first, only to dive with you to touch the core and soul of our meaning: to matter. This is not a Quest of Identity, but the cry to rally as a species, raise our heads toward the future and move forward as a WHOLE. Not a typical Dr. Bak's book, LEADERSHIP, PANDORA'S BOX is a must-read for all of you looking for hope and purpose, all of us, citizens of the world.

LEADERSHIP vol. 1 (ALPHA DENTISTRY) -121
CHANGING THE WORLD FROM A DENTAL CHAIR
BY Dr. BAK NGUYEN, Dr. MAHSA KHAGHANI, and Dr. PAUL DOMINIQUE

ALPHA DENTISTRY proudly presents LEADERSHIP, CHANGING THE WORLD FROM A DENTAL CHAIR. This time, Dr. Bak is leading the charge of rebuilding the foundations of the dental industry, especially after the light shed by COVID. More than once, populations from all around the world have expressed their negative perceptions and uneasy feelings about the dental industry. For decades, we turned deaf and blinded to these criticisms. In the worse health crisis of our lifetime, our specialists, experts and all our doctors were benched, despite being health professionals… The message is clear, the whole field must be rethought and better adapted to our modern societies. In the hope of bringing new ideas and philosophies, Dr. Bak is joined by Dr. Mahsa Khaghani from Spain and Dr. Paul Dominique from the USA. It will take leadership and courage to assemble all of the world's dental industry and bridge the gaps to a better future. It starts by listening and then, dialoguing. LEADERSHIP is an inclusive dialogue. This is the first volume of this new series in which International Dental leaders will be joining forces to rebuild Dentistry. First mission: lower the costs of dentistry. Welcome to the Alphas.

LEVERAGE -014
COMMUNICATION INTO SUCCESS
BY Dr. BAK NGUYEN

In LEVERAGE COMMUNICATION TO SUCCESS, Dr. Bak shares his secret and mindsets to elevate an idea into a vision and a vision into an endeavour. Some endeavours will be a project, some others will become companies, and some will grow into a movement. It does not matter, each started with great communication. Communication is a very vast concept, education, sale, sharing, empowering, coaching, preaching, and entertaining. Those are all different kinds of communication. The intent differs, the audiences vary, and the messages are unique but the frame can be templated and mastered. In LEVERAGE COMMUNICATION TO SUCCESS, Dr. Bak is loyal to his core, sharing only what he knows best, what he has done himself. This book is dedicated to communicating successfully in business.

LEGENDS OF DESTINY vol.1 -101
THE PROLOGUES OF DESTINY
BY Dr. BAK NGUYEN & WILLIAM BAK

The war between the forces of death and the legions of life lasted for centuries, ravaging most of the twin planets, Destiny and Earth. The end was so imminent that even the Gods got involved to save Life from eternal doom. Heroes rise and fall from all sides. Some fight for good, others, for evil. Gods, titans, angels, and demons all took sides in the war. Gods fight and kill other gods. Angel fights alongside demons, striking down Gods and Titans, and rival angels. The war lasted for so long that no one even remembers what they were fighting for. Some fight for domination while others, just to survive. The war ravages Destiny, the twin sister of planet Earth to the brink of annihilation. All eyes now turn to Earth. As the balance of the creation itself hands in the balance, a species emerges as holding the balance to victory: mankind. For the future of Humanity, of Gods and men and everything in between, this is the last stand of Destiny, a last chance for life.

LEGENDS OF DESTINY vol.2 -107
THE BOOK OF ELVES
BY Dr. BAK NGUYEN & WILLIAM BAK

Caught between the Orcs invading from the center of Destiny, the Angels raining down and the Demons eating from within, the Elves are turning from their old beliefs and Gods for salvation. For Millennials, Elves turned to Odin and the Forces of Nature for answers and guidance. Since the imminent destruction of their kingdoms and cities, a new God is offering Hope, Kal, the old God of fire. Kal gave them more than Hope, he gave the elves who turned to him for passage to a new world. But more than hope, more than fear, Elves value honour and Destiny. At least their old guards and heroes do. With their world crumbling down, and the rise of the new and younger generations, Elf's society seems to be at the crossroad of evolution. It is convert or die. Or die fighting or die kneeling. The Book of Elves is the story of a civilization facing its fate in the blink of destruction.

MASTERMIND, 7 WAYS INTO THE BIG LEAGUE -052
BY Dr. BAK NGUYEN & JONAS DIOP

MASTERMIND, 7 WAYS INTO THE BIG LEAGUE is the result of the encounter between business coach Jonas Diop and Dr. Bak. As a professional podcaster and someone always seeking the truth and ways to leverage success and performance, coach Jonas is putting Dr. Bak to the test, one that should reveal his secret to overachieve month after month, accumulating a new world record every month. Follow those two great minds as they push each other to surpass themselves, each in their own way and own style. MASTERMIND, 7 WAYS INTO THE BIG LEAGUE is more than a roadmap to success, it is a journey and a live testimony as you are turning the pages, one by one.

MIDAS TOUCH -065
POST-COVID DENTISTRY
BY Dr. BAK NGUYEN, Dr. JULIO REYNAFARJE AND Dr. PAUL OUELLETTE

MIDAS TOUCH, is the memoir of what happened in the ALPHAS SUMMIT in the midst of the GREAT PAUSE as great minds throughout the world in the dental field are coming together. As the time of competition is obsolete, the new era of collaboration is blooming. This is the 3rd book of the ALPHAS, after AFTERMATH and RELEVANCY, all written in the midst of confinement. Dr. Julio Reynafarje is bearing this initiative, to share with you the secret of a successful and lasting relationship with your patients, balancing science and psychology, kindness, and professionalism. He personally invited the ALPHAS to join as co-author, Dr. Paul Ouellette, Dr. Paul Dominique, and Dr. Bak. Together, they have more than 100 years of combined experience, wisdom, trade, skills, philosophy, and secrets to share with you to empower you in the rebuilding of the dental profession in the aftermath of COVID. RELEVANCY was about coming together and rebuilding the future. MIDAS TOUCH is about how to build, one treatment plan at a time, one story at a time, one smile at a time.

MINDSET ARMORY -050
BY Dr. BAK NGUYEN

MINDSET ARMORY is Dr. Bak's 49th book, days after he completed his world record of writing 48 books within 24 months, on top of being the CEO of Mdex & Co and a full-time cosmetic dentist. Dr. Bak is undoubtedly an OVERACHIEVER. In his last books, he has shared more and more of his lifestyle and how it forged his winning mindset. Within MINDSET ARMORY, Dr. Bak is sharing with us his tools, how he found them, forged them, and leverage them. Just like any warrior needs a shield, a sword, and a ride, here are Dr. Bak's. For any entrepreneur, the road to success is a long and winding journey. On the way, some will find allies and foes. Some allies will become foes, and some foes might become allies. In today's competitive world, the only constant is change. With the right tool, it is possible to achieve. The right tool, the right mindset. This is MINDSET ARMORY.

MIRROR -085
BY Dr. BAK NGUYEN

MIRROR is the theme for a personal book. Not only to Dr. Bak but to all of us looking to reach beyond who and what we actually are. MIRROR is special in the fact that it is not only the content of the book that is of worth but the process in which Dr. Bak shared his own evolution. To go beyond who we are, one must grow every day. And how do you compare your growth and how far have you reached? Looking in the mirror. In all of Dr. Bak's writing, looking at the past is a trap to avoid at all costs. Looking in the mirror, is that any better? Share Dr. Bak's way to push and keep pushing himself without friction or resistance. Please read that again. To evolve without friction or resistance… that is the source of infinite growth and the unification of the Quest for Power and the Quest of Happiness.

MOMENTUM TRANSFER -009
BY Dr. BAK NGUYEN & Coach DINO MASSON

How to be successful in your business and life? Achieve Your Biggest Goals With MOMENTUM TRANSFER. START THE BUSINESS YOU WANT - AND BRING IT NEXT LEVEL! GET THE LIFE YOU ALWAYS WANTED - AND IMPROVE IT! TAKE ANY PROJECTS YOU HAVE - AND MAKE THEM THE BEST! In this powerful book, you'll discover what a small business owner learnt from a millionaire and successful entrepreneur. He applied his mentor's principles and is explaining them in full detail in this book. The small business owner wrote the book he has always wanted to read and went from the verge of bankruptcy to quadrupling his revenues in less than 9 months and improve his personal life by increasing his energy and bringing back peacefulness. Together, the millionaire and the small business owner are sharing their most valuable business and life lessons with the world. The most powerful book to increase your momentum in your business and your life introduces simple and radical life-changing concepts: Multiply your business revenues by finding the Eye of your Momentum - Increase your energy by building and feeding your own Momentum - How to increase your confidence with these simple steps - How to transfer your new powerful energy into other aspects of your business and life - How to set goals and achieve them (even crush them!)- How to always tap into an effortless and limitless force within you- And much, much more!

P

PLAYBOOK INTRODUCTION -055
BY Dr. BAK NGUYEN

In PLAYBOOK INTRODUCTION, Dr. Bak is open the door to all the newcomers and aspirant entrepreneurs who are looking at where and when to start. Based on questions of two college students wanting to know how to start their entrepreneurial journey, Dr. Bak dives into his experiences to empower the next generation, not about what they should do, but how he, Dr. Bak, would have done it today. This is an important aspect to recognize in the business world, the world has changed since the INFORMATION AGE and the advent of the millenniums into the market. Most matrix and know-how have to be adapted to today's speed and accessibility to the information. We are living at the INFORMATION AGE, this book is the precursor to the ABUNDANCE AGE, at least to those open to embracing the opportunity.

PLAYBOOK INTRODUCTION 2 -056
BY Dr. BAK NGUYEN

In PLAYBOOK INTRODUCTION 2, Dr. Bak continues the journey to welcome the newcomers and aspirant entrepreneurs looking at where and when to start. If the first volume covers the mindset, the second is covering much more in-depth the concept of debt and leverage. This is an important aspect to recognize in the business world, the world has changed since the INFORMATION AGE and the advent of the millenniums into the market. Most matrix and know-how have to be adapted to today's speed and accessibility to the information. We are living at the INFORMATION AGE, this book is the precursor to the ABUNDANCE AGE, at least to those open to embrace the opportunity.

POWER -043
EMOTIONAL INTELLIGENCE
BY Dr. BAK NGUYEN

IN POWER, EMOTIONAL INTELLIGENCE, Dr. Bak is sharing his experiences and secrets leveraging on his EMOTIONAL INTELLIGENCE, a power we all have within. From SYMPATHY, having others opening up to you, to ACTIVE LISTENING, saving you time and energy; from EMPATHY, allowing you to predict the future to INFLUENCE, enabling you to draft the future, not to forget the power of the crowd with MOMENTUM, you are now in possession of power in tune with nature, yourself. It is a unique take on the subject to empower you to find your powers and your destiny. Visionary businessman, and doctor in dentistry, Dr. Bak describes himself as a Dentist by circumstances, a communicator by passion, and an entrepreneur by nature.

POWERPLAY -078
HOW TO BUILD THE PERFECT TEAM
BY Dr. BAK NGUYEN

In POWERPLAY, HOW TO BUILD THE PERFECT TEAM, Dr. Bak is sharing with you his experience, perspective, and mistake travelling the journey of the entrepreneur. A serial entrepreneur himself, he started venture only with a single partner as a team to build companies with a director of human resources and a board of directors. POWERPLAY is not a story, it is the HOW TO build the perfect team, knowing that perfection is a lie. So how can one build a team that will empower his or her vision? How to recruit, how to train, how to retain? Those are all legitimate questions. And all of those won't matter if the first question isn't answered: what is the reason for the team? There is the old way to hire and the new way to recruit. Yes, Human Resources is all about mindset too! This journey is one of introspection, of leadership, and a cheat sheet to build, not only the perfect team but the team that will empower your legacy to the next level.

PROFESSION HEALTH - TOME ONE -005
THE UNCONVENTIONAL QUEST OF HAPPINESS
BY Dr. BAK NGUYEN, Dr. MIRJANA SINDOLIC, Dr. ROBERT DURAND AND COLLABORATORS

Why are health professionals burning out while they give the best of themselves to heal the world? Dr. Bak aims to break the curse of isolation that health professionals face and establish a conversation to start the healing process. PROFESSION HEALTH is the basis of an ongoing discussion and will also serve as an introduction to a study led by Professor Robert Durand, DMD, MSc Science from the University of Montreal, a study co-financed by Mdex and the Federal Government of Canada. Co-writers are Dr. Mirjana Sindolic, Professor Robert Durand, Dr. Jean De Serres, MD and former President of Hema Quebec, Counsel-Minister Luis Maria Kalaff Sanchez, Dr. Miguel Angel Russo, MD, Banker Anthony Siggia, Banker Kyles Yves, and more... This is the first Tome of three, dedicated to helping "WHITE COATS" to heal and to find their happiness.

REBOOT -012
MIDLIFE CRISIS
BY Dr. BAK NGUYEN

MidLife Crisis is a common theme for each of us as we reach the threshold. As a man, as a woman, why is it that half of the marriages end up in recall? If anything else would have half those rates of failure, the lawsuits would be raining. Where are the flaws, the traps? Love is strong and pure, why is marriage not the reflection of that? Those are all hard questions to ask with little or no answers. Dr. Bak is sharing his reflections and findings as he reached himself the WALL OF MARRIAGE. This is a matter that affects all of our lives. It is time for some answers.

RELEVANCY - TOME TWO -064
REINVENTING OURSELVES TO SURVIVE
BY Dr. BAK NGUYEN & Dr. PAUL OUELLETTE AND COLLABORATORS

THE GREAT PAUSE was a reboot of all the systems of society. Many outdated systems will not make it back. The Dental Industry is a needed one, it has laid on complacency for far too long. In an age where expertise is global and democratized and can be replaced with technologies and artificial intelligence, the REBOOT will force, not just an update, but an operating system replacement and a firmware upgrade. First, they saved their industry with THE ALPHAS INITIATIVE, sharing their knowledge and vision freely to all the world's dental industry. With the OUELLETTE INITIATIVE, they bought some time for all the dental clinics to resume and adjust. The warning has been given, the clock is now ticking. who will prevail and prosper and who will be left behind, outdated and obsolete?

RISING -062
TO WIN MORE THAN YOU ARE AFRAID TO LOSE
BY Dr. BAK NGUYEN

In RISING, TO WIN MORE TAN YOU ARE AFRAID TO LOSE, Dr. Bak is breaking down the strategy to success to all, not only those wearing white coats and scrubs. More than his previous book (SUCCESS IS A CHOICE), this one is covering most of the aspects of getting to the next level, psychologically, socially, and financially. Rising is broken down into three key strategies: Financial Leverage - Compressing time - Always being in control. Presented by MILLION DOLLAR MINDSET, the book is covering more than the ways to create wealth, but also how to reach happiness and live a life without regrets. Dr. Bak the CEO and founder of Mdex & Co, a company with the promise of reforming the whole dental industry for the better. He wrote more than 60 books within 30 months as he is sharing his experiences, secrets, and wisdom.

S

SELFMADE -036
GRATITUDE AND HUMILITY
BY Dr. BAK NGUYEN

This is the story of Dr. Bak, an artist who became a dentist, a dentist who became an Entrepreneur, an Entrepreneur who is seeking to save an entire industry. In his free time, Dr. Bak managed to write 37 books and is a contender for 3 world records to be confirmed. Businessman and visionary, his views and philosophy are ahead of our time. This is his 37th book. In SELFMADE, Dr. Bak is answering the questions most entrepreneurs want to know, the HOWTO and the secret recipes, not just to succeed, but to keep going no matter what! SELFMADE is the perfect read for any entrepreneurs, novices, and veterans.

SHORTCUT vol. 1 - HEALING -093
BY Dr. BAK NGUYEN

In SHORTCUT 408 HEALING QUOTES, Dr. Bak revisits and compiles his journey of healing and growing. Just like anyone, he was moulded and shaped by Conformity and Society to the point of blending and melting. Walking his journey of healing, he rediscovers himself and found his true calling. And once whole with himself and with the Universe, Dr. Bak found his powers. In SHORTCUT 408 HEALING QUOTES, you have a quick and easy way to surf his mindsets and what allowed him to heal, to find back his voice and wings, and to walk his destiny. You too are walking your Quest of Identity. That one is mainly a journey of healing. May you find yours and your powers.

SHORTCUT vol. 2 - GROWING -094
BY Dr. BAK NGUYEN

In SHORTCUT 408 GROWTH QUOTES, Dr. Bak is compiling his library of books about personal growth and self-improvement. More than a motivational book, more than a compilation of knowledge, Dr. Bak is sharing the mindsets upon which he found his power to achieve and to overachieve. We all have our powers, only they were muted and forgotten as we were forged by Conformity and Society. After the healing process, walking your Quest of Identity, the Quest for your growth and God-given power is next to lead you to walk your Destiny.

SHORTCUT vol. 3 - LEADERSHIP -095
BY Dr. BAK NGUYEN

In SHORTCUT 365 LEADERSHIP QUOTES, Dr. Bak is compiling his library of books about leadership and ambition. Yes, the ambition is to find your worth and to make the world a better place for all of us. If the 3rd volume of SHORTCUT is mainly a motivational compilation, it also holds the secrets and mindsets to influence and leadership. If you were looking to walk your legend and impact the world, you are walking a lonely path. You might on your own, but it does not have to be harder than it is. As we all have your unique challenges, the key to victory is often found in the same place, your heart. And here are 365 shortcuts to keep you believing and to attract more people to you as you are growing into a true leader.

SHORTCUT vol. 4 - CONFIDENCE -096
BY Dr. BAK NGUYEN

SHORTCUT 518 CONFIDENCE QUOTES, is the most voluminous compilation of Dr. Bak's quotes. To heal was the first step. To grow and find your powers came next. As you are walking your personal legend, Confidence is both your sword and armour to conquer your Destiny and overcome all of the challenges on your way. In SHORTCUT volume four, Dr. Bak comprises all his mindsets and wisdom to ease your ascension. Confidence is not something one is simply born with, but something to nurture, grow, and master. Some will have the chance to be raised by people empowering Confidence, others will have to heal from Conformity to grow their confidence. It does not matter, only once Confident, can one stand tall and see clearly the horizon.

SHORTCUT vol. 5- SUCCESS -097
BY Dr. BAK NGUYEN

Success is not a destination but a journey and a side effect. While no map can lead you to success, the right mindset will forge your own success, the one without medals nor labels. If you are looking to walk your legend, to be successful is merely the beginning. Actually, being successful is often a side effect of the mindsets and actions that you took, you provoked. In SHORTCUT 317 SUCCESS QUOTES, Dr. Bak is revisiting his journey, breaking down what led him to be successful despite the odds stacked against him. As success is the consequence of mindsets, choices, and actions, it can be duplicated over and over again, one just needs to master the mindsets first.

SHORTCUT vol. 6- POWER -098
BY Dr. BAK NGUYEN

That's the kind of power that you will discover within this journey. Power is a tool, a leverage. Well used, it will lead to great achievements. Misused, it will be your downfall. If a sword sometimes has 2 edges, Power is a sword with no handle and multiple edges. You have been warned. In SHORTCUT 376 POWER QUOTES, Dr. Bak is compiling all the powers he found and mastered walking his own legend. If the first power was Confidence, very quickly, Dr. Bak realized that Confidence was the key to many, many more powers. Where to find them, how to yield them, and how to leverage these powers is the essence of the 6th volume of SHORTCUT.

SHORTCUT vol. 7- HAPPINESS -099
BY Dr. BAK NGUYEN

We were all born happy and then, somehow, we lost our ways and forgot our ways home. Is this the real tragedy behind the lost paradise myth? If we were happy once, we can trust our hearts to find our way home, once more. This is the journey of the 7th volume of the SHORTCUT series. In SHORTCUT 306 HAPPINESS QUOTES, Dr. Bak is revisiting and compiling all the secrets and mindsets leading to happiness. Happiness is not just a destination but a shrine for Confidence and a safe place to regroup, to heal, to grow. We each have our own happiness. What you will learn here is where to find yours and, more importantly, how to leverage you to ease the journey ahead, because happiness is not your final destination. It can be the key to your legend.

SHORTCUT vol. 8- DOCTORS -100
BY Dr. BAK NGUYEN

If healing was the first step to your destiny and powers, there is a science to healing. Those with that science are doctors, the healers of the world. In India, healers are second only to the Gods! In SHORTCUT 170 DOCTOR QUOTES, Dr. Bak is dedicating the 8th volume of the series to his peers, doctors, from all around the world. Doctors too, have to walk their Quest of Identity, to heal from their pain and to walk their legend. Doctors need to heal and rejuvenate to keep healing the world. If healing is their science, in SHORTCUT, they will access the power of leveraging.

SUCCESS IS A CHOICE -060
BLUEPRINTS FOR HEALTH PROFESSIONALS
BY Dr. BAK NGUYEN

In SUCCESS IS A CHOICE, FINANCIAL MILLIONAIRE BLUEPRINTS FOR HEALTH PROFESSIONALS, Dr. Bak is breaking down the strategy to success for all those wearing white coats and scrubs: doctors, dentists, pharmacists, chiropractors, nurses, etc. Success is broken down into three key strategies:

Financial Leverage - Compressing time - Always being in control. Presented by MILLION DOLLAR MINDSET, the book is covering more than the ways to create wealth, but also how to reach happiness and live a life without regrets. Dr. Bak is a successful cosmetic dentist with nearly 20 years of experience. He founded Mdex & Co, a company with the promise of reforming the whole dental industry for the better. While doing so, he discovered a passion for writing and for sharing. Multiple times World Record, Dr. Bak is writing a book every 2 weeks for the last 30 months. This is his 60th book, and he is still practicing. How he does it, is what he is sharing with us, SUCCESS, HAPPINESS, and mostly FREEDOM to all Health Professionals.

SYMPHONY OF SKILLS -001
BY Dr. BAK NGUYEN

You will enlighten the world with your potential. I can't wait to see all the differences that you will have in our world. Remember that power comes with responsibility. We can feel in his presence, a genuine force, a depth of energy, confidence, innocence, courage, and intelligence. Bak is always looking for answers, morning and night, he wants to understand the why and the why not. This book is the essence of the man. Dr. Bak is a force of nature who bears proudly his title eHappy. The man never ceases smiling and spreading his good vibe wherever he passes. He is not trapped in the nostalgia of the past nor the satisfaction of the present, he embodies the joy of what's possible, and what's to come. The more we read, the more we share, and we live. That is Bak, he charms us to evolve and to share his points of view, and before we know it, we are walking by his side, a journey we never saw coming.

T

THE 90 DAYS CHALLENGE -061
BY Dr. BAK NGUYEN

THE 90 DAYS CHALLENGE, is Dr. Bak's journey into the unknown. Overachiever writing 2 books a month on average, for the last 30 months, ambitious CEO, Industries' Disruptor, Dr. Bak seems to have success in everything he touches. Everything except the control of his weight. For nearly 20 years, he struggles with an overweight problem. Every time he scored big, he added on a little more weight. Well, this time, he exposes himself out there, in real-time and without filter, accepting the challenge of his brother-in-law, DON VO to lose 45 pounds within 90 days. That's half a pound a day, for three months. He will have to do so while keeping all of his other challenges on track, writing books at a world record pace, leading the dental industry into the new ERA, and keep seeing his patients. Undoubtedly entertaining, this is the journey of an ALPHA who simply won't give up. But this time, nothing is sure.

THE BOOK OF LEGENDS -024
BY Dr. BAK NGUYEN & WILLIAM BAK

The Book of Legends vol. 1 is the story behind the world record of Dr. Bak and his son, William Bak. All Dr. Bak had in mind was to keep his promise of writing a book with his son. They ended up writing 8 children's books within a month, scoring a new world record. William is also the youngest author having published in two languages. Those are world records waiting to be confirmed. History will say: to celebrate a first world record (writing 15 books / 15 months), for the love of his son, he will have scored a second world record: to write 8 books within a month! THE BOOK OF LEGENDS vol. 1 This is both a magical journey for both a father and a son looking to connect and find themselves. Join Dr. Bak and William Bak in their journey and their love for Life!

THE BOOK OF LEGENDS 2 -041
BY Dr. BAK NGUYEN & WILLIAM BAK

THE BOOK OF LEGENDS vol. 2 is the sequel of "CINDERELLA" but a true story between a father and his son. Together they have discovered a bond and a way to connect. The first BOOK OF LEGENDS covered the time of the first four books they wrote together within a month. The second BOOK OF LEGENDS is covering what happened after the curtains dropped, and what happened after reality kicked back in. If the first volume was about a fairy tale in vacation time, the second volume is about making it last in real Life. Share their journey and their love of Life!

THE BOOK OF LEGENDS 3 -086
THE END OF THE INNOCENCE AGE
BY Dr. BAK NGUYEN & WILLIAM BAK

THE BOOK OF LEGENDS 3 is a long work extending to almost 3 years. If the shocking duo known as Dr. Bak and prodigy William Bak has marked the imaginary writing world record upon world record, the story is not all pink. After the franchise of the CHICKEN BOOKS, William, now in his pre-teen years, wants to move away from the chicken tales. After 22 chicken books, a break is well deserved. that said, what is next? Both father and son thought that if they could do it once easily, they could do it again! They couldn't be any further from the truth. For 2 years, they were stuck in the quest for their next franchise of books. THE BOOK OF LEGENDS 3 started right around the end of the chicken franchise and would have ended with a failure if the book was to be released on time, the holiday season of that year. It took the duo another year to complete their story to add the last chapters of this book, hoping to end with a happy ending. Unfortunately, not all story ends the way we wish… this is the dark tome of the series, where the imagination got eclipsed. Follow William and Dr. Bak in their fight to keep the magic and connection alive.

THE CONFESSION OF A LAZY OVERACHIEVER -089
REINVENT YOURSELF FROM ANY CRISIS
BY Dr. BAK NGUYEN

In THE CONFESSION OF A LAZY OVERACHIEVER, Dr. Bak is opening up to his new marketing officer, Jamie, fresh out of school. She is young, full of energy, and looking to chill and still have it all. True to his character, Dr. Bak is giving Jamie some leeway to redefine Dr. Bak's brand to her demographic, the Millennials. This journey is about Dr. Bak satisfying the Millennials and answering their true questions in life. A rebel himself, his ambition to change the world started back on campus, some 25 years ago… then, life caught up with him. It took Dr. Bak 20 years to shake down the burdens of life, spread his wings free from Conformity, and start Overachieving. Doctor, CEO, and world record author, here is what Dr. Bak would have loved to know 25 years ago as was still on campus. In a word, this is cheating your way to success and freedom. And yes, it is possible. Success, Money, and Freedom, they all start with a mindset and the awareness of Time. Welcome to the Alphas.

THE ENERGY FORMULA -053
BY Dr. BAK NGUYEN

THE ENERGY FORMULA is a book dedicated to helping each individual to find the means to reach their purpose and goal in Life. Dr. Bak is a philosopher, a strategist, a business, an artist, and a dentist, how does he do all of that? He is doing so while mentoring proteges and leading the modernization of an entire industry. Until now, Momentum and Speed were the powers that he was building on and from. But those powers come from somewhere too. From a guide of our Quest of Identity, he became an ally in everyone's journey for happiness. THE ENERGY FORMULA is the book revealing step by step, the logic of building the right mindset and the way to ABUNDANCE and HAPPINESS, universally. It is not just a HOW TO book, but one that will change your life and guide you to the path of ABUNDANCE.

THE MODERN WOMAN -070
TO HAVE IT HAVE WITH NO SACRIFICE
BY Dr. BAK NGUYEN & Dr. EMILY LETRAN

In THE MODERN WOMAN: TO HAVE IT ALL WITH NO SACRIFICE, Dr. Bak joins forces with Dr. Emily Letran to empower all women to fulfill their desires, goals, and ambition. Both overachievers going against the odds, they are sharing their experience and wisdom to help all women to find confidence and support to redefine their lives. Dr. Emily Letran is a doctor in dentistry, an entrepreneur, author, and CERTIFIED HIGH-PERFORMANCE coach. For an Asian woman, she made it through the norms and the red tapes to find her voice. As she learnt and grew with mentors, today she is sharing her secret with the energy that will motivate all of the female genders to stand for what they deserve. Alpha doctor, Bak is joining his voice and perspective since this is not about gender equality, but about personal empowerment and the quest of Identity of each, man and woman. Once more, Dr. Bak is bringing LEVERAGE and REASON to the new social deal between man and woman. This is not about gender, but about confidence.

THE POWER BEHIND THE ALPHA -008
BY TRANIE VO & Dr. BAK NGUYEN

It's been said by a "great man" that "We are born alone and we die alone." Both men and women proudly repeat those words as wisdom since. I apologize in advance, but what a fat LIE! That's what I learnt and discovered in life since my mind and heart got liberated from the burden of scars and the ladders of society. I can have it all, not all at the same time, but I can have everything I put my mind and heart into. Actually, it is not completely true. I can have most of what I and Tranie put our minds into. Together, when we feel like one, there isn't much out of our reach. If I'm the mind, she's the heart; if I'm the Will, she's the means. Synergy is the core of our power. Tranie's aim is always Happiness. In Tranie's definition of life, there are no justifications, no excuses, no tomorrow. For Tranie, Happiness is measured by the minutes of every single day. This is why she's so strong and can heal people around her. That may also be why she doesn't need to talk much, since talking about the past or the future is, in her mind, dimming down the magic of the present, the Now. We both respect and appreciate that we are the whole balancing each other's equation of life, of love, of success. I was the plus and the minus, then I became the multiplication factor and grew into the exponential. And how is Tranie evolving in all of this? She is and always will be the balance. If anything, she is the equal sign of each equation.

THE POWER OF Dr. -066
THE MODERN TITLE OF NOBILITY
BY Dr. BAK NGUYEN, Dr. PAVEL KRASTEV AND COLLABORATORS

In THE POWER OF Dr., independent thinkers mean to exchange ideas. An idea can be very powerful if supported by a great work ethic. Work ethic, isn't that the main fabric of our white coats, scrubs, and title? In an era post-COVID where everything has been rebooted and that's the healthcare industry is facing its own fate: to evolve or to be replaced, Dr. Bak and Dr. Pavel reveal the source of their power and their playbook to move forward, ahead. The power we all hold is our resilience and discipline. We put that for years at the service of our profession, from a surgical perspective. Now, we can harness that same power to rewrite the rules, the industry, and our future. Post-COVID, the rules are being rewritten, will you be part of the team or left behind? "You can be in control!" More than personal growth and a motivational book, THE POWER OF Dr. is an awakening call to the doctor you look at when you graduate, with hope, with honour, with determination.

THE POWER OF YES -010
VOLUME ONE: IMPACT
BY Dr. BAK NGUYEN

In THE POWER OF YES, Dr. Bak is sharing his journey, opening up and embracing the world, one day at a time, one task at a time, one wish at a time. Far from a dare, saying YES allowed Dr. Bak to rewrite his mindset and break all the boundaries. This book is not one written in a few days or weeks, but the accumulation of a journey for 12 months. The journey started as Dr. Bak said YES to his producer to go on stage and speak… That YES opened a world of possibilities. Dr. Bak embraced each and every one of them. 12 months later, he is celebrating the new world record of writing 9 books written over a period of 12 months. To him, it will be a miss, missing the 12 on 12 mark. To the rest of the world, they just saw the birth of a force of nature, the Alpha force. THE POWER OF YES is comprised of all the introductions of the adult books written by Dr. Bak within the first 12 months. Chapter by chapter, you can walk in his footstep seeing and smelling what he has. This is reality-literature with a twist of POWER. THE POWER OF YES! Discover your potential and your power. This is the POWER OF YES, volume one. Welcome to the Alphas.

THE POWER OF YES 2 -037
VOLUME TWO: SHAPELESS
BY Dr. BAK NGUYEN

In THE POWER OF YES, volume 2, Dr. Bak is continuing his journey, discovering his powers and influence. After 12 months of embracing the world by saying YES, he rose as an emerging force: he's been recognized as an INDUSTRIES DISRUPTOR, got nominated ERNST AND YOUNG ENTREPRENEUR OF THE YEAR, wrote 9 books within 12 months while launching the most ambitious private endeavour to reform his own industry, the dental field. Contender too many WORLD RECORDS, Dr. Bak is doing all of that in parallel. And yes, he is sleeping his nights and yes, he is writing his book himself, from the screen of his iPhone! Far from satisfied, Dr. Bak missed the mark of writing 12 books within 12 months. While everything is taking shape, everything could also crumble down at each turn. Now that Dr. Bak understands his powers, he is looking to test them and push them to their limits, looking to keep scoring world records while materializing his vision and enterprises. This is the awakening of a Force of Nature looking to change the world for the better while having fun sharing. Welcome to the Alphas.

THE POWER OF YES 3 -046
VOLUME THREE: LIMITLESS
BY Dr. BAK NGUYEN

In THE POWER OF YES, volume 3, the journey of Dr. Bak continues where the last volume left, in front of 300 plus people showing up to his first solo event, a Dr. Bak's event. On stage and in this book, Dr. Bak reveals how 12 months of saying YES to everything changed his life… actually, it was 18 months. From a dentist looking to change the world from a dental chair into a multiple times world record author, the journey of openness is a rendezvous with Fate. Dr. Bak is sharing almost in real-time his journey, and experiences, but above all, his feelings, doubts, and comebacks. From one book to the next, from one journey to the next, follow the adventure of a man looking to find his name, his worth, and his place in the world. Doing so, he is touching people Doing so, he is touching people and initiating their rise. Are you ready for more? Are you ready to meet your Fate and Destiny? Welcome to the Alphas.

THE POWER OF YES 4 -087
VOLUME FOUR: PURPOSE
BY Dr. BAK NGUYEN

In THE POWER OF YES, volume 4, the journey continues days after where the last volume left. After setting the new world record of writing 48 books within 24 months, Dr. Bak is not ready to stop. As volume one covers 12 months of journey, volume 2 covers 6 months. Well, volume 3 covers 4 months. The speed is building up and increasing, steadily. This is volume 4, RISING, after breaking the sound barrier. Dr. Bak has reached a state where he is above most resistance and friction, he is now in a universe of his own, discovering his powers as he walks his journeys. This is no fiction story or wishful thinking, THE POWER OF YES is the journey of Dr. Bak, from one world record to the next, from one book to the next. You too can walk your own legend, you just need to listen to your innersole and open up to the opportunity. May you get inspiration from the legendary journey of Dr. Bak and find your own Destiny. Welcome to the Alphas.

THE RISE OF THE UNICORN -038
BY Dr. BAK NGUYEN & Dr. JEAN DE SERRES

In THE RISE OF THE UNICORN, Dr. Bak is joining forces with his friend and mentor, Dr. Jean De Serres. Together both men had many achievements in their respective industries, but the advent of eHappyPedia, THE RISE OF THE UNICORN is a personal project dear to both of them: the QUEST OF HAPPINESS and its empowerment. This book is a special one since you are witnessing the conversation between two entrepreneurs looking to change the world by building unique tools and media. Just like any enterprise, the ride is never a smooth one in the park on a beautiful day. But this is about eHappyPedia, it is about happiness, right? So it will happen and with a smile attached to it! The unique value of this book is that you are sharing the ups and downs of the launch of a Unicorn, not just the glory of the fame, but also the doubts and challenges along the way. May it inspire you on your own journey to success and happiness.

THE RISE OF THE UNICORN 2 -076
eHappyPedia
BY Dr. BAK NGUYEN & Dr. JEAN DE SERRES

This is 2 years after starting the first tome. Dr. Bak's brand is picking up, between the accumulation of records and recognition. eHappyPedia is now hot for a comeback. In THE RISE OF THE UNICORN 2, Dr. Bak is retracing and addressing each of Dr. Jean De Serres' concerns about the weakness of the first version of eHappyPedia and the eHappy movement. This is the sort of creation and a UNICORN both in finance and in psychology. Never before, have you assisted in such a daily and decision-making process of a world phenomenon and of a company. Dr. Bak and Dr. De Serres are literally using the process of writing this series of books to plan and brainstorm the birth of a bluechip. More than an intriguing story, this is the journey of 2 experienced entrepreneurs changing the world.

THE U.A.X STORY -072
THE ULTIMATE AUDIO EXPERIENCE
BY Dr. BAK NGUYEN

This is the story of the ULTIMATE AUDIO EXPERIENCE, U.A.X. Follow Dr. Bak's footsteps in how he invented a new way to read and learn. Dr. Bak brings his experience as a movie producer and a director to elevate the reading experience to another level with entertaining value and make it accessible to everyone, auditive, and visual people alike.

After three years plus of research and development, and countless hours of trials and errors, Dr. Bak finally solved his puzzle: having written more than 1.1 million words. The irony is that he does not like to read, he likes audiobooks! U.A.X. finally allowed the opening of Dr. Bak's entire library to a new genre and media. U.A.X. is the new way to learn and enjoy Audiobooks. Made to be entertaining while keeping the self-educational value of a book, U.A.X. will appeal to both auditive and visual people. U.A.X. is the blockbuster of Audiobooks. The format has already been approved by iTunes, Amazon, Spotify, and all major platforms for global distribution and streaming.

THE VACCINE -077
BY Dr. BAK NGUYEN & WILLIAM BAK

In THE VACCINE, A TALE OF SPIES AND ALIENS, Dr. Bak reprises his role as mentor to William, his 10-year-old son, both as co-author and as doctor. William is living through the COVID war and has accumulated many, many questions. That morning, they got out all at once. From a conversation between father and son, Dr. Bak is making science into words keeping the interest of his son on a Saturday morning in bed. William is not just an audience, he is responsible to map the field with his questions. What started as a morning conversation between father and son, became within the next hour, a great project, their 23rd book together. Learn about the virus, and vaccination while entertaining your kids.

TIMING - TIME MANAGEMENT ON STEROIDS -074
BY Dr. BAK NGUYEN & WILLIAM BAK

In TIMING, TIME MANAGEMENT ON STEROIDS, Dr. Bak is sharing his secret to keep overachieving, and overdelivering while raising the bar higher and higher. We all have 24 hours in a day, so how can some do so much more than others? Dr. Bak is not only sharing his secrets and mindset about time and efficiency, he is literally living his own words as this book is written within his last sprint to set the next world record of writing 100 books within 4 years, with only 31 days to go. With 8 books to write in 31 days, that's a little less than 4 days per book! Share the journey of a man surfing the change and looking to see where is the limit of the human mind, writing. In the meantime, understand his leverage, mindset, and secrets to challenge your own limits and dreams.

TO OVERACHIEVE EVERYTHING BEING LAZY -090
CHEAT YOUR WAY TO SUCCESS
BY Dr. BAK NGUYEN

In TO OVERACHIEVE EVERYTHING BEING LAZY, Dr. Bak retakes his role talking to the millennials, the next generation. If in the first tome of the series LAZY, Dr. Bak addresses the general audience of millennials, especially young women, he is dedicating this tome to the ALPHA amongst the millennials, those aiming for the moon and looking, not only to be happy but to change the world. This is not another take on how to cheat your way to success or how to leverage laziness, but this is the recipe to build overachievers and rainmakers. For the young leaders with ambitions and talent, understanding TIME and ENERGY are crucial from your first steps in writing your our legend. If Dr. Bak had the chance to do it all over again, this is how he would do it! Welcome to the Alphas.

TORNADO -067
FORCE OF CHANGE
BY Dr. BAK NGUYEN

In TORNADO - FORCE OF CHANGE Dr. Bak is writing solo. In the midst of the COVID war, change is not a good intention anymore. Change, constant change has become a new reality, a new norm. From somebody who holds the title of Industries' Disruptor, how does he yield change to stay in control? Well, the changes from the COVID war are constant fear and much loss of individual liberty. Some can endure the change, some will ride it. Dr. Bak is sharing his angle of navigating the changes, yielding the improvisations, and to reinvent the goals, the means to stay relevant. From fighting to keep his companies Dr. Bak went on to let go of the uncontrollable to embrace the opportunity, he reinvented himself to ride the change and create opportunities from an unprecedented crisis. This is the story of a man refusing to kneel and accept defeat, smiling back at faith to find leverage and hope.

TOUCHSTONE -073
LEVERAGING TODAY'S PSYCHOLOGICAL SMOG
BY Dr. BAK NGUYEN & Dr. KEN SEROTA

TOUCHSTONE, LEVERAGING TODAY'S PSYCHOLOGICAL SMOG is mapping to navigate and thrive in today's high and constant stress environment. After 40 years in practice, Dr. Serota is concerned about the evolution of the career of health care professionals and the never-ending level of stress. What is stress, and what are its effects, damages, and symptoms? If COVID-19 revealed to the world that we are fragile, it also revealed most of the broken and the flaws of our system. For now a century, dentistry has been a champion in depression, Drug addiction, and suicide rates, and the curve is far from flattening. Dr. Bak is sharing his perspective and experience dealing with stress and how to leverage it into a constructive force. From the stress of a doctor with no right to failure to the stress of an entrepreneur never knowing the future, Dr. Bak is sharing his way to use stress as leverage.

À PROPOS DES AUTEURS

Du Canada, **William Bak**, est un jeune prodige de 12 ans. À l'âge de 8 ans, il a co-écrit une série de livres pour enfants avec son père, le Dr Bak. Père et fils, ensemble, ils changent le monde, un esprit à la fois, en écrivant des livres pour enfants. William a, jusqu'à présent, co-écrit 35 livres. Il a co-écrit les 11 livres de poulet en ANGLAIS, puis il a dû les traduire lui-même en FRANÇAIS. C'est ainsi qu'il a 22 livres de poulet. William a également co-écrit 4 livres sur l'éducation des enfants avec son père, **THE BOOK OF LEGENDS** volume 1, 2 et 3. Et le premier volume de la nouvelle trilogie THE RISE OF LEGENDS. En pleine crise sanitaire mondiale, William a de nouveau joint forces avec son père pour écrit un livre sur la vaccination, cette fois-ci encore, dans les 2 langues, Anglais et Français. Ce livre a aussi été traduit en Espagnol.

En 2022, William a co-écrit avec son père les 2 premiers livres de la nouvelle franchise de 9 livres : LEGENDS OF DESTINY. Il a aussi co-écrit la franchise des contes de Noël, AU PAYS DES PAPAS qui comprend 2 livres. Entre temps, William a aussi écrit son premier livre solo, PAPA J'SUIS PAS CON. Pour promouvoir ses livres, William a embrassé la scène pour la première fois en 2019 pour parler à une foule de plus de 300 personnes. Depuis, il est apparu dans de nombreuses entrevues pour parler de ses livres et projets à venir. Au milieu du COVID, il s'est ennuyé et a commencé son YOUTUBE CHANNEL: **GAMEBAK**, passant en revue les jeux vidéo. Fin 2020, il a rejoint les ALPHAS en tant que plus jeune animateur du prochain mouvement mondial, **COVIDCONOMICS**, dans lequel il donne son point de vue et accueillera les opinions de sa génération.

"Je vais vous montrer. Je ne vais pas vous forcer. Mais je ne vous attendrai pas."
- William Bak et Dr. Bak

En Écrivant avec son père, William détient des records mondiaux à officialiser:

- Le plus jeune auteur qui a écrit dans 2 langues
- Co-auteur de 8 livres en un mois
- Le premier enfant à avoir écrit 24 livres pour enfants
- Le premier enfant a avoir co-signé et signé 36 livres en 45 mois

Du Canada, le **Dr Bak NGUYEN**, nominé Entrepreneur de l'année Ernst & Young, Grand Hommage à Lys DIVERSITÉ, LinkedIn et TownHall, Achiever of the year et TOP100 docteurs du monde. Le Dr Bak est un dentiste cosmétique, PDG et fondateur de Mdex & Co. Son entreprise révolutionne le domaine dentaire. Conférencier et motivateur, il détient le record du monde d'écriture de 100 livres en 4 années, accumulant de nombreux records mondiaux (à être officialisés). Dernièrement, il détient aussi le record mondial d'écriture de 120 livres en 60 mois. Ses livres couvrent les sujets:

- **ENTREPRENEURSHIP**
- **LEADERSHIP**
- **QUÊTE D'IDENTITÉ**
- **DENTISTERIE ET MÉDECINE**
- **ÉDUCATION DES ENFANTS**
- **LIVRES POUR ENFANTS**
- **PHILOSOPHIE**

En 2003, il a fondé Mdex, une entreprise dentaire sur laquelle, en 2018, il a lancé l'initiative privée la plus ambitieuse afin de réformer l'industrie dentaire à l'échelle du Canada. Philosophe, il a à cœur la quête du bonheur des personnes qui l'entourent, patients et collègues. En 2020, il a lancé une initiative de collaboration internationale nommée les **ALPHAS** pour partager ses connaissances et pour que les entrepreneurs et les professionnels dentaires puissent se relever de la plus grande pandémie et dépression économique des temps modernes.

Ces projets ont permis au Dr Bak d'attirer les intérêts de la communauté internationale et diplomatique. Il est maintenant au centre d'une discussion mondiale sur le bien-être et l'avenir de la profession de la santé. C'est à ce propos qu'il partage ses réflexions et encourage la communauté des professionnels de la santé à partager leurs histoires.

"Ça ne vaut pas la peine de marcher seul! Ensemble, on peut y arriver."

Pour soutenir la créativité et le partage de la sagesse et la croissance personnelle, le Dr Bak dirige également l'avancement de l'Intelligence artificielle chez Emotive Monde Incorporé. En intégrant l'intelligence artificielle, le design et l'édition à son flux de production, Emotive Monde est un leader mondial dans les univers de publication et de production d'histoires et de livres.

Les livres édités sont distribués par Amazon, Barnes & Noble, Apple Livres et Kindle. La société produit aussi des livres audio, nouvellement intégré en format combo pour les achats de copie papiers distribuées par Amazon et Barnes & Noble.

Sous la direction du Dr Bak, Emotive Monde a lancé le protocole Apollo, permettant aux auteurs d'écrire des livres en 24 heures de temps de travail, le protocole Echo, pour produire des livres audio comme celui-ci, et également de créer et de produire des blockbusters de livres audio, **U.A.X.** (Ultimate Audio Experience) en streaming sur Apple Music, Spotify et tous les principaux distributeurs musicaux.

Le Dr Bak, avec son implication dans Emotive Monde, encourage la voix individuelle des auteurs du monde et les aide à atteindre leurs marchés et leur public. Oui, le Dr Bak est un auteur, mais à travers Emotive Monde, il est également une maison d'édition et un studio de production.

Conférencier motivateur et entrepreneur en série, philosophe et auteur, de ses propres mots, le Dr Bak se décrit comme un dentiste par circonstances, un entrepreneur par nature et un communicateur par passion.

Il détient également des distinctions du Parlement canadien et du Sénat canadien.

ULTIMATE AUDIO EXPERIENCE

Une nouvelle façon d'apprendre tout en se divertissant grâce aux films-audio. UAX est plus qu'un livre audio, ils ont été conçus afin de stimuler l'imaginaire afin de garder l'intérêt du public, même des gens visuels. Les UAX ont été conçus pour divertir tout en conservant le caractère éducatif des livres. Les film-audio UAX sont les blockbusters de l'univers des livres Audio.

La bibliothèque du Dr. Bak sera rendue disponibles en format UAX au cours des prochains mois. Des négociations sont aussi entamées pour ouvrir le format UAX à tous les auteurs désirant élargir leur audiences.

Découvrez l'expérience UAX dès aujourd'hui en streaming sur Spotify, Apple Music ainsi que chez tous les grands distributeurs de musiques digitales.

AMAZON - BARNES & NOBLE - APPLE BOOKS - KINDLE
SPOTIFY - APPLE MUSIC

COMBO
PAPERBACK/AUDIOBOOK
ACTIVATION

Enregistrez votre copie pour accéder au lien du livre audio de ce livre. Enregistrez-vous au: http://drbaknguyen.com/alpha-dentistry-orthodontics-solo-registry

Votre licence vous permet de partager jusqu'à 3 personnes le lien du livre audio. Livre publié par Dr. Bak publishing company. Livre Audio produit par Emotive World Inc. Droits d'auteur 2021, tous droits réservés.

PAR LE MÊME AUTEUR
Dr. Bak Nguyen

TITRES DISPONIBLES AU
www.Dr.BakNguyen.com

MAJOR LEAGUES' ACCESS

FACTEUR HUMAIN -035
LE LEADERSHIP DU SUCCÈS
par Dr. BAK NGUYEN & CHRISTIAN TRUDEAU

THE RISE OF THE UNICORN -038
BY Dr. BAK NGUYEN & Dr. JEAN DE SERRES

CHAMPION MINDSET -039
LEARNING TO WIN
BY Dr. BAK NGUYEN & CHRISTOPHE MULUMBA

THE RISE OF THE UNICORN 2 -076
eHappyPedia
BY Dr. BAK NGUYEN & Dr. JEAN DE SERRES

BRANDING -044
BALANCING STRATEGY AND EMOTIONS
BY Dr. BAK NGUYEN

INDUSTRIES DISRUPTORS -006
BY Dr. BAK NGUYEN

CHANGING THE WORLD FROM A DENTAL CHAIR -007
BY Dr. BAK NGUYEN

THE POWER BEHIND THE ALPHA -008
BY TRANIE VO & Dr. BAK NGUYEN

SELFMADE -036
GRATITUDE AND HUMILITY
BY Dr. BAK NGUYEN

THE U.A.X STORY -072
THE ULTIMATE AUDIO EXPERIENCE
BY Dr. BAK NGUYEN

CRYPTOCONOMICS 101 - TO COME
MY PERSONAL JOURNEY
FROM 50K TO 1 MILLION
BY Dr. BAK NGUYEN

BUSINESS

SYMPHONY OF SKILLS -001
BY Dr. BAK NGUYEN

LA SYMPHONIE DES SENS -002
ENTREPREUNARIAT
par Dr. BAK NGUYEN

CHILDREN'S BOOK
with William Bak

The Trilogy of Legends

THE LEGEND OF THE CHICKEN HEART -016
LA LÉGENDE DU COEUR DE POULET -017
BY Dr. BAK NGUYEN & WILLIAM BAK

THE LEGEND OF THE LION HEART -018
LA LÉGENDE DU COEUR DE LION -019
BY Dr. BAK NGUYEN & WILLIAM BAK

THE LEGEND OF THE DRAGON HEART -020
LA LÉGENDE DU COEUR DE DRAGON -021
BY Dr. BAK NGUYEN & WILLIAM BAK

WE ARE ALL DRAGONS -022
NOUS TOUS, DRAGONS -023
BY Dr. BAK NGUYEN & WILLIAM BAK

THE 9 SECRETS OF THE SMART CHICKEN -025
LES 9 SECRETS DU POULET INTELLIGENT -026
BY Dr. BAK NGUYEN & WILLIAM BAK

THE SECRET OF THE FAST CHICKEN -027
LE SECRETS DU POULET RAPIDE -028
BY Dr. BAK NGUYEN & WILLIAM BAK

THE LEGEND OF THE SUPER CHICKEN -029
LA LÉGENDE DU SUPER POULET -030
BY Dr. BAK NGUYEN & WILLIAM BAK

THE STORY OF THE CHICKEN SHIT -031
L'HISTOIRE DU CACA DE POULET -032
BY Dr. BAK NGUYEN & WILLIAM BAK

WHY CHICKEN CAN'T DREAM? -033
POURQUOI LES POULETS NE RÊVENT PAS? -034
BY Dr. BAK NGUYEN & WILLIAM BAK

THE STORY OF THE CHICKEN NUGGET -057
HISTOIRE DE POULET: LA PÉPITE -083
BY Dr. BAK NGUYEN & WILLIAM BAK

CHICKEN FOREVER -082
POULET POUR TOUJOURS -084
BY Dr. BAK NGUYEN & WILLIAM BAK

THE SPIES AND ALIENS COLLECTION

THE VACCINE -077
LE VACCIN -079
LA VACUNA -077B
BY Dr. BAK NGUYEN & WILLIAM BAK
TRANSLATION BY BRENDA GARCIA

DENTISTRY

PROFESSION HEALTH - TOME ONE -005
THE UNCONVENTIONAL QUEST OF HAPPINESS
BY Dr. BAK NGUYEN, Dr. MIRJANA SINDOLIC,
Dr. ROBERT DURAND AND COLLABORATORS

HOW TO NOT FAIL AS A DENTIST -047
BY Dr. BAK NGUYEN

SUCCESS IS A CHOICE -060
BLUEPRINTS FOR HEALTH PROFESSIONALS
BY Dr. BAK NGUYEN

RELEVANCY - TOME TWO -064
REINVENTING OURSELVES TO SURVIVE
BY Dr. BAK NGUYEN & Dr. PAUL OUELLETTE AND
COLLABORATORS

MIDAS TOUCH -065
POST-COVID DENTISTRY
BY Dr. BAK NGUYEN, Dr. JULIO REYNAFARJE
AND Dr. PAUL OUELLETTE

THE POWER OF Dr. -066
THE MODERN TITLE OF NOBILITY
BY Dr. BAK NGUYEN, Dr. PAVEL KRASTEV
AND COLLABORATORS

ALPHA DENTISTRY vol. 1 -104
DIGITAL ORTHODONTICS FAQ
BY Dr. BAK NGUYEN

ALPHA DENTISTRY vol. 1 -109
DIGITAL ORTHODONTICS FAQ ASSEMBLED
EDITION

🇺🇸 USA 🇪🇸 SPAIN 🇩🇪 GERMANY 🇮🇳 INDIA 🇨🇦 CANADA
BY Dr. BAK NGUYEN, Dr. PAUL OUELLETTE, Dr. PAUL DOMINIQUE, Dr. MARIA KUNSTADTER, Dr. EDWARD J. ZUCKERBERG, Dr. MASHA KHAGHANI, Dr. SUJATA BASAWARAJ, Dr. ALVA AURORA, Dr. JUDITH BÄUMLER, and Dr. ASHISH GUPTA

ALPHA DENTISTRY vol. 1 -113
DIGITAL ORTHODONTICS FAQ INTERNATIONAL
EDITION

🇺🇸 ENGLISH 🇪🇸 SPANISH 🇩🇪 GERMAN 🇮🇳 HINDI 🇨🇦 FRENCH
BY Dr. BAK NGUYEN, Dr. PAUL OUELLETTE, Dr. PAUL DOMINIQUE, Dr. MARIA KUNSTADTER, Dr. EDWARD J. ZUCKERBERG, Dr. MASHA KHAGHANI, Dr. SUJATA BASAWARAJ, Dr. ALVA AURORA, Dr. JUDITH BÄUMLER, and Dr. ASHISH GUPTA

KISS ORTHODONTICS -105
BY Dr. BAK NGUYEN, Dr. PAUL OUELLETTE
WITH GUEST AUTHORS Dr. RYAN HUNGATE and Dr. MAHSA KHAGHANI

LEADERSHIP vol. 1 -121
CHANGING THE WORLD FROM A DENTAL CHAIR

🇨🇦 CANADA 🇪🇸 SPAIN 🇺🇸 USA
BY Dr. BAK NGUYEN, Dr. MASHA KHAGHANI and Dr. PAUL DOMINIQUE

QUEST OF IDENTITY

IDENTITY -004
THE ANTHOLOGY OF QUESTS
BY Dr. BAK NGUYEN

HYBRID -011
THE MODERN QUEST OF IDENTITY
BY Dr. BAK NGUYEN

LIFESTYLE

HORIZON, BUILDING UP THE VISION -045
VOLUME ONE
BY Dr. BAK NGUYEN

HORIZON, ON THE FOOTSTEP OF TITANS -048
VOLUME TWO
BY Dr. BAK NGUYEN

HORIZON, Dr.EAMING OF THE FUTURE -068
VOLUME THREE
BY Dr. BAK NGUYEN

MILLION DOLLAR MINDSET

MOMENTUM TRANSFER -009
BY Dr. BAK NGUYEN & Coach DINO MASSON

LEVERAGE -014
COMMUNICATION INTO SUCCESS
BY Dr. BAK NGUYEN

HOW TO WRITE A BOOK IN 30 DAYS -042
COMMENT ÉCRIRE UN LIVRE EN 30 JOURS -102
BY Dr. BAK NGUYEN

HOW 2 WRITE 2 BOOKS IN 10 DAYS -114
COMMENT ÉCRIRE 2 LIVRES EN 10 JOURS -115
BY WILLIAM BAK & Dr. BAK NGUYEN

HOW TO WRITE A SUCCESSFUL BUSINESS PLAN -049
BY Dr. BAK NGUYEN & ROUBA SAKR

MINDSET ARMORY -050
BY Dr. BAK NGUYEN

MASTERMIND –052
7 WAYS INTO THE BIG LEAGUE
BY Dr. BAK NGUYEN & JONAS DIOP

PLAYBOOK INTRODUCTION –055
BY Dr. BAK NGUYEN

PLAYBOOK INTRODUCTION 2 –056
BY Dr. BAK NGUYEN

POWER –043
EMOTIONAL INTELLIGENCE
BY Dr. BAK NGUYEN

RISING –062
TO WIN MORE THAN YOU ARE AFRAID TO LOSE
BY Dr. BAK NGUYEN

TORNADO –067
FORCE OF CHANGE
BY Dr. BAK NGUYEN

BOOTCAMP –071
BOOKS TO REWRITE MINDSETS INTO WINNING STATES OF MIND
BY Dr. BAK NGUYEN

TIMING –074
TIME MANAGEMENT ON STEROIDS
BY Dr. BAK NGUYEN

POWERPLAY –078
HOW TO BUILD THE PERFECT TEAM
BY Dr. BAK NGUYEN

HOW TO BOOST YOUR CREATIVITY TO NEW HEIGHTS –088
BY Dr. BAK NGUYEN

PARENTING

THE BOOK OF LEGENDS –024
BY Dr. BAK NGUYEN & WILLIAM BAK

THE BOOK OF LEGENDS 2 –041
BY Dr. BAK NGUYEN & WILLIAM BAK

THE BOOK OF LEGENDS 3 –086
THE END OF THE INNOCENCE AGE
BY Dr. BAK NGUYEN & WILLIAM BAK

THE ORIGIN SERIES

L'ART DE TRANSFORMER DE LA SOUPE EN MAGIE –103
PAR Dr. BAK NGUYEN

AU PAYS DES PAPAS –106
PAR Dr. BAK NGUYEN & WILLIAM BAK

AU PAYS DES PAPAS 2 –108
PAR Dr. BAK NGUYEN & WILLIAM BAK

PERSONAL GROWTH

REBOOT –012
MIDLIFE CRISIS
BY Dr. BAK NGUYEN

HUMILITY FOR SUCCESS –051
BALANCING STRATEGY AND EMOTIONS
BY Dr. BAK NGUYEN

THE ENERGY FORMULA –053
BY Dr. BAK NGUYEN

AMONGST THE ALPHAS -058
BY Dr. BAK NGUYEN, with Dr. MARIA KUNSTADTER,
Dr. PAUL OUELLETTE and Dr. JEREMY KRELL

AMONGST THE ALPHAS vol.2 -059
ON THE OTHER SIDE
BY Dr. BAK NGUYEN with Dr. JULIO REYNAFARJE,
Dr. LINA DUSEVICIUTE and Dr. DUC-MINH LAM-DO

THE 90 DAYS CHALLENGE -061
BY Dr. BAK NGUYEN

EMPOWERMENT -069
BY Dr. BAK NGUYEN

THE MODERN WOMAN -070
TO HAVE IT HAVE WITH NO SACRIFICE
BY Dr. BAK NGUYEN & Dr. EMILY LETRAN

ALPHA LADDERS -075
CAPTAIN OF YOUR DESTINY
BY Dr. BAK NGUYEN & JONAS DIOP

1SELF -080
REINVENT YOURSELF FROM ANY CRISIS
BY Dr. BAK NGUYEN

THE ALPHA MASTERMIND FRANCHISE

THE SUPERHERO'S SYNDROME -116
VOLUME ONE
BY Dr. BAK NGUYEN

SUPER CHARGING MOMENTUM -117
VOLUME TWO
BY Dr. BAK NGUYEN

RIDING DESTINY -118
VOLUME THREE
BY Dr. BAK NGUYEN

THE LAZY FRANCHISE

THE CONFESSION OF A LAZY OVERACHIEVER -089
REINVENT YOURSELF FROM ANY CRISIS
BY Dr. BAK NGUYEN

TO OVERACHIEVE EVERYTHING BEING LAZY -090
CHEAT YOUR WAY TO SUCCESS
BY Dr. BAK NGUYEN

PHILOSOPHY

LEADERSHIP -003
PANDORA'S BOX
BY Dr. BAK NGUYEN

FORCES OF NATURE -015
FORGING THE CHARACTER OF WINNERS
BY Dr. BAK NGUYEN

KRYPTO -040
TO SAVE THE WORLD
BY Dr. BAK NGUYEN & ILYAS BAKOUCH

ALPHA LADDERS 2 -081
SHAPING LEADERS AND ACHIEVERS
BY Dr. BAK NGUYEN & BRENDA GARCIA

MIRROR -085
BY Dr. BAK NGUYEN

SHORTCUT

408 HEALING QUOTES -093
SHORTCUT VOLUME ONE
BY Dr. BAK NGUYEN

408 GROWTH QUOTES -094
SHORTCUT VOLUME TWO
BY Dr. BAK NGUYEN

365 LEADERSHIP QUOTES -095
SHORTCUT VOLUME THREE
BY Dr. BAK NGUYEN

518 CONFIDENCE QUOTES -096
SHORTCUT VOLUME FOUR
BY Dr. BAK NGUYEN

317 SUCCESS QUOTES -097
SHORTCUT VOLUME FIVE
BY Dr. BAK NGUYEN

376 POWER QUOTES -098
SHORTCUT VOLUME SIX
BY Dr. BAK NGUYEN

306 HAPPINESS QUOTES -099
SHORTCUT VOLUME SEVEN
BY Dr. BAK NGUYEN

170 DOCTOR QUOTES -100
SHORTCUT VOLUME EIGHT
BY Dr. BAK NGUYEN

TOUCHSTONE -073
LEVERAGING TODAY'S PSYCHOLOGICAL SMOG
BY Dr. BAK NGUYEN & Dr. KEN SEROTA

COVIDCONOMICS
TAMING INFLATION WITHOUT INCREASING INTEREST RATES -111
CONTRER L'INFLATION SANS TOUCHER LES TAUX D'INTÉRÊTS -112
BY Dr. BAK NGUYEN, ANDRÉ CHÂTELAIN, FRANÇCOIS DUFOUR, TRANIE VO & WILLIAM BAK

TEEN'S FICTION
with William Bak

LEGENDS OF DESTINY

THE PROLOGUES OF DESTINY -101
VOLUME ONE
BY Dr. BAK NGUYEN & WILLIAM BAK

THE BOOK OF ELVES -107
VOLUME TWO
BY Dr. BAK NGUYEN & WILLIAM BAK

SOCIETY

LE RÊVE CANADIEN -013
D'IMMIGRANT À MILLIONNAIRE
par Dr. BAK NGUYEN

CHOC -054
LE JARDIN D'EDITH
par Dr. BAK NGUYEN

AFTERMATH -063
BUSINESS AFTER THE GREAT PAUSE
BY Dr. BAK NGUYEN & Dr. ERIC LACOSTE

THE POWER OF YES

THE POWER OF YES -010
VOLUME ONE: IMPACT
BY Dr. BAK NGUYEN

THE POWER OF YES 2 -037
VOLUME TWO: SHAPELESS
BY Dr. BAK NGUYEN

THE POWER OF YES 3 -046
VOLUME THREE: LIMITLESS
BY Dr. BAK NGUYEN

THE POWER OF YES 4 -087
VOLUME FOUR: PURPOSE
BY Dr. BAK NGUYEN

THE POWER OF YES 5 -091
VOLUME FIVE: ALPHA
BY Dr. BAK NGUYEN

THE POWER OF YES 6 -092
VOLUME SIX: PERSPECTIVE
BY Dr. BAK NGUYEN

TITRES DISPONIBLES AU
www.Dr.BakNguyen.com

AMAZON - APPLE BOOKS - KINDLE - SPOTIFY - APPLE MUSIC-0i909

ACCÈS ILLIMITÉ
À LA BIBLIOTHÈQUE AUDIO DE DR. BAK

Depuis qu'il a marqué le record mondial d'avoir écrit 100 livres en 4 ans, Dr. Bak a décidé d'ouvrir son entière collection de livres audio et d'albums UAX aux membres VIPs pour un montant de

9.99$/mois.

Accédez aux livres audios en parallèle à leur écriture et soyez parmi les premiers à découvrir les prochains livres du Dr. Bak. Abonnez-vous dès aujourd'hui!

http://drbaknguyen.com/members
Bienvenu(e)s aux Alphas.

TITRES DISPONIBLES AU

www.DrBakNguyen.com

www.ingramcontent.com/pod-product-compliance
Lightning Source LLC
Chambersburg PA
CBHW071447150426
43191CB00008B/1259